T0178971

El manto

Marcela Serrano

El manto

El manto

Primera edición en Chile: noviembre de 2019
Primera edición en México: noviembre de 2019

D. R. © 2019, Marcela Serrano
c/o Schavelzon Graham Agencia Literaria
www.schavelzongraham.com

D. R. © 2019, de la presente edición en castellano para todo el mundo:
Penguin Random House Grupo Editorial, S. A.
Merced 280, piso 6, Santiago de Chile

D. R. © 2019, derechos de edición mundiales en lengua castellana:
Penguin Random House Grupo Editorial, S. A. de C. V.
Blvd. Miguel de Cervantes Saavedra núm. 301, 1er piso,
colonia Granada, alcaldía Miguel Hidalgo, C. P. 11520,
Ciudad de México

www.megustaleer.mx

ISBN: 978-607-318-573-8

Impreso en México – *Printed in Mexico*

El papel utilizado para la impresión de este libro ha sido fabricado a partir de madera
procedente de bosques y plantaciones gestionadas con los más altos estándares ambientales,
garantizando una explotación de los recursos sostenible con el medio ambiente y beneficiosa para las personas.

Penguin
Random House
Grupo Editorial

Con una mano, sufrir, vivir, palpar el dolor, la pérdida. Pero está la otra, la que escribe.

HÉLÈNE CIXOUS, *La llegada de la escritura*

Creí que iba a describir un estado, trazar un mapa de la tristeza. La tristeza, sin embargo, no resultó un estado, sino un proceso. No necesita de mapa, sino de una historia; y si no ceso de escribir esta historia en algún punto arbitrario, entonces no hay razón para que la termine.

C. S. LEWIS, *Una pena observada*

1

Alguna vela llevo yo en este entierro. Después de todo, mi hija heredó su nombre.

Se llamaba Margarita María Macarena. Muchas M a cuestas. Nació el 15 de junio de 1950, en la mitad del año que dividió en dos el siglo pasado. La tercera de cinco hermanas, otra vez al medio. Todo partido por la mitad. Era géminis.

2

Al dejar el cementerio me prometí a mí misma cerrar toda válvula del cuerpo —también la media espina dorsal, la sede del alma, como la definió Virginia Woolf— que, abierta, me impidiera andar sobre los dos pies. Nos han arrojado una bomba atómica sobre nuestras cabezas. Hablo en plural, hablo de sus hermanas. Fuimos siempre cinco. Se ha roto, irreversible, nuestra fanática identidad. Imaginé a un grupo humano fantasmal caminando sobre un baldío sin nombre ni rumbo. Con las válvulas abiertas. Imposible. Equivaldría a cuatro zombis, o al contrario, a cuatro locas chillonas, las que se contratan en ciertas culturas para que nadie crea que no se llora al muerto. Ni zombi ni chillona.

Cerrar el paso al mecanismo externo del dolor, sea este cual sea. Ojalá también las lágrimas (guardarlas para el alba; el alba es gentil). Dicen que solo la aristocracia guarda la discreción en tales momentos y, a mí, la aristocracia no me va ni me viene. Pero odio la estridencia. El padecimiento es indiscreto. En público, indigno. La sensiblería, repugnante. Cuando veo a la gente gimotear en la tele me enojo. Cuando llega a doler hasta el aliento, como diría Miguel Hernández, calla. Calla, vete y escóndete.

Pulverizada, sí. Pero por dentro.

La vida es física.

La muerte es física.

Yo también.

3

Cuando se muere el marido, se es viuda. Cuando se muere el padre, se es huérfana. Líneas verticales, jerárquicas. No soy ni una ni otra. Soy algo innombrable porque mi pérdida es horizontal. Menudo problema: parto sabiendo que las palabras no alcanzan. No existe una para mi estado. No se ha inventado la palabra para la hermana que se quedó sin hermana.

4

Decidí guardarme. Darle a la Margarita al menos cien días, pensarla a solas. Venía el verano, resultaría más fácil cerrar puertas que en el ajetreado invierno. Recluirme, confinarme, sitiar mi casa, enjaularlo todo. Aquí me apodero de una cita de Joseph Brodsky (que robé de un artículo de Leila Guerriero): «No salgan de sus cuartos, no cometan errores (…) Silla y cuatro paredes, ¿qué mejor desafío? / ¿Para qué ir a un lugar, y regresar cansado, / idéntico de noche, pero más mutilado?».

Llegué al campo el 1° de diciembre del 2017, tres días después de su funeral. Puse llave a mi departamento en Santiago, cerré mi correo electrónico, busqué entre mis túnicas una negra. Debía encarnar mi luto en el espacio que a ambas nos pertenecía, en el huerto, entre los paltos y los naranjos, los cerros rodeándonos por los cuatro costados: el valle. Sola, tenazmente sola.

Pero se me ha tendido una trampa. El 1° de diciembre me traje en las mías el calor de las manos de la Margarita —las que nunca soltamos durante su agonía, nunca, y cuando alguna hermana se apoderaba de ellas por mucho rato, llegaba otra y se las quitaba— y juzgué que, por obra de magia, el calor se mantendría. Como si algo durara. Que el horror se sometería a cierto grado de languidez, que se tornaría más compasivo, un poquito cada día, humilde, sin triunfos, pero que sí, que languidecería.

5

Aquí en el campo dicen que no hay muerto malo. Es cierto, al menos cuando hablan de ellos. Un lugar común tras otro. Todos fueron grandes personas, generosas, amables, trabajadoras. Es muy raro escuchar una frase original dicha desde el podio de una iglesia o leerla en un obituario. Me encantaría que alguien dijese: la Margarita era una conchasumadre.

Voy a las pesebreras. Allá entre los caballos no la nombran. Hablan de «la que se fue».

6

Hay pájaros en el campo. Muchos. Los más amables picotean mi ventana o bailan alrededor de una flor. Otros caminan por los techos o sobrevuelan la casa y se van a los cielos. Están mis preferidos, aquellas garzas blancas de las bandadas que cruzan bien alto mi propio firmamento todas las tardes para ir a acostarse quizás dónde. Y los negros, los agoreros. (También existen los azules, los grises, los rojos, pero ellos no me conciernen).

Era un día martes. Estábamos preparadas, ya el lunes la M. era un volumen bajo las sábanas. Le quedaban quince minutos de vida. Nos encontrábamos en silencio alrededor de su cama, los ventanales abiertos hacia la terraza, esperando supongo, esperando, solo sus hijos, sus hermanas y la Anita, la mujer que nos crio. De pronto escuché un aleteo, un ruido fuerte y nítido que solo un ave en problemas es capaz de emitir. A mis espaldas, justo detrás, vi un pájaro, un pájaro vivo adentro de la pieza: grande, ajeno, oscuro, movía su cuerpo con los estertores de un atrapado en conocimiento nítido del error de su aterrizaje. Entre murmullos, alguien lo mandó a sacar.

No hay momento más íntimo que el de la agonía.

7

Faltaban trece minutos, aunque no lo supiésemos. La Margarita parecía haber dejado sobre su cama el cuerpo de prestado y su energía vagaba quizás en qué lugar. A las siete de la mañana la Sol nos llamó por teléfono —ella había dormido allí— y nos dio su impresión; cada una abandonó su casa como pudo. Cuidábamos con esmero su intimidad, su dormitorio adquirió carácter de lugar sagrado, las visitas solo llegaban hasta el living, en el otro extremo de la casa. No importaba si ella escuchaba o no, igual custodiábamos el silencio como verdaderas vestales a la entrada del templo.

Rompiendo todo protocolo, voces un poco alteradas en el pasillo me sacaron del estado de aturdimiento y fijeza con que miraba su cama y me dirigí de inmediato a silenciarlas. El pájaro agorero, cubierto en vulgares plumajes de colágeno, rubio teñido, tacos altos, vestido estrecho, exigía ser escuchado, con el deseo de penetrar la puerta inviolable de la habitación.

¿Quién eres?, le pregunté.

Una amiga de la Margarita, me respondió.

No, no eres una amiga de la Margarita, no te conozco.

Escúchame, ¿puedo hablar contigo?

(¿En ese momento?)

(¿Una desconocida quería *hablar* conmigo?)

No, le respondí, y le di la espalda.

A los doce minutos, la Margarita respiró por última vez.

Si se busca en un diccionario, un pájaro agorero puede ser un mago o un vidente. Pero su uso más común es el de los malos presagios. Y si se busca también la palabra intimidad dirá que es la amistad estrecha, la confianza que se reserva a la familia más cercana y unos pocos más: la preservación del sujeto y sus actos del resto de los seres humanos.

8

Perder el tiempo: es casi lo único que hago. Luego me pregunto si es realmente cuando se hace con intención. Todo parece provisional. Una áspera tranquilidad.

Roland Barthes comenta la naturaleza abstracta de la ausencia. Pero a pesar de su abstracción, agrega que es ardiente y desgarradora: «Es ausencia y dolor, dolor de la ausencia —¿quizás es entonces amor?».

Si los budistas estuviesen en lo cierto y los últimos pensamientos de un moribundo influyen en su siguiente reencarnación, ¿cuáles fueron los suyos? Aquel lunes temí que se le olvidara respirar, ovillada como estaba en su propia dimensión. El martes partió. De un solo golpe. Acabó todo. Un saqueo sin restitución. Me desespero porque ignoro cuándo tuvo su último pensamiento.

Ya no se le puede despertar.

9

El cuerpo habla. Aturdido, no para de hablar.

Un día viernes a la una de la tarde un volcán hizo una erupción en el mío. Si su intención fue estrangularme el estómago, casi lo logra. Es una hernia instalada allí hace muchos años y no da signos de vida si no cargo peso. De repente se manifestó, así, sin ton ni son, mientras tomaba el sol tendida en el pasto. Una vez y dos taladró mi cuerpo remeciéndolo por completo. Tres y cuatro. Sin razón alguna. Me dejó exangüe. Aterrada.

Dormía, ese sueño profundo de las cuatro o cinco de la madrugada. Me despertó mi propio grito. Un calambre me desgarraba la pantorrilla. (¿Calambre, yo?, jamás). El dolor me hizo saltar sin ninguna conciencia del lugar en que estaba y el espacio que me rodeaba. En plena oscuridad topé con la esquina del velador al lado de mi cama. Me pegué en la frente y empecé a sangrar.

Esto se repitió más tarde en Santiago, en otra cama, contra otro velador.

Luego, «algo» en el muslo cuya existencia yo ignoraba se hizo presente (como si tantas partes del cuerpo brotaran o cobraran vida solo en la dolencia o el tormento). Tomé analgésicos. Nada. Aparecía cuando estaba en posición horizontal, como si quisiera avaramente robarme el descanso, un sádico de las noches y las siestas. (Meses más tarde el doctor me diagnosticaría «desgarramiento del lubrum». ¿Lubrum? ¿Qué mierda es eso?).

Un peso permanente se asienta detrás de los ojos, como si un par de pequeñas piedras los hubiesen elegido de hospedaje. Dormir, seguir durmiendo.

La tristeza es un sentimiento frío y el frío retuerce los músculos de la espalda. Las primeras en resentirlo son la zona lumbar y las rodillas, dicen los expertos, y agregan que la tristeza y la depresión son las emociones más frías de la temperatura corporal. Mi cuerpo caminaba en dirección opuesta a la estación, subordinándose a su propio invierno bajo el sol.

No deseo vivir al límite de mis fuerzas. La vida no es para eso.

Los muertos se disuelven.

La Margarita se ha disuelto.

10

Cuando murió su padre de manera inesperada, el escritor norteamericano Douglas Crimp volvió a Nueva York después del funeral para retomar su vida, pensando que ya todo había pasado; él se veía incapaz de expresar su dolor, más aun habiendo tenido con su padre una relación complicada.

Pero cuenta que al cabo de pocos días le surgió un síntoma rarísimo: su lacrimal izquierdo se infectó y el resultado fue un absceso del tamaño de una pelota de golf que le cerró el ojo izquierdo y le desfiguró la cara por completo. Más adelante el absceso explotó y un pus muy feo manaba por su mejilla *como lágrimas venenosas*. Hasta el día de hoy, una cicatriz cerca de la nariz le recuerda cada día la fuerza del subconsciente. Termina su relato confirmando que el duelo es un proceso síquico que debe absolutamente ser valorado. Nadie que lo atraviese puede mirarlo en menos.

11

Me cuesta creer que alguna vez escribí ficción. Hoy, convertida mi vida en realidad pura y cruda, ¿qué espacio habría para la verdad de las mentiras?

No quiero inventar a la Margarita al escribirla, que es lo que hacemos los escritores/as. Aspiro a solidarizar. Si los caídos son los muertos y los vivos los vencedores, tomo partido por los caídos.

12

Trotsky y la Negra nacieron de la misma camada. Él, rubio, rayado, elegante como un felino de extirpe, camina displicente por la hierba demostrando su seguridad en el entorno y estira su cuello blanco para ser acariciado; ella, en cambio, es una gata extraña, cautelosa, su pelaje negro se interrumpe con mechas amarillas, como un zorro mal alimentado, delgada, rápida y esquiva con sus ojos verdísimos detectándolo todo, siempre alerta, desconfiada, pronta a escapar. Desde que renunciaron al canasto de su pobre madre exhausta, ignoraron al resto de sus hermanos y se pegaron uno al otro como si fuesen siameses. O para ser más exacta, la Negra eligió a Trotsky y decidió plantarse a su lado a cada instante, sin dejarse excluir.

Salían juntos a pasear.

Comían juntos.

Dormían juntos.

Un día no se vio a Trotsky. Tampoco al día siguiente.

Los gemidos de la Negra inundaron el patio y la casa. Empezó a buscarlo, agobiada, impotente pero sin flaqueo ni desaliento. La ayudamos en la tarea rastreando el potrero: nada: Trotsky desaparecido.

No volvió. Y hoy los gemidos y lamentos de la Negra saturan el entorno. Me vuelvo loca con ellos, voy, le hago cariño, le ruego que deje de llorar. Pero, claro, la pobrecita no sabe nada de pudores aristocráticos ni cosas por el estilo y deja fluir caprichosamente toda su pena, sin reparar en nada que no sea eso: su puta pena. Y a veces, por fin, se hace el silencio. Voy al patio de la cocina a mirarla y observo que duerme. Lo único que mitiga su agonía es el sueño. Ojalá siga durmiendo, imploro, que duerma y duerma, que no compruebe que Trotsky se ha ido.

Una solución contra la pérdida. El sueño.

13

Leo una curiosa noticia en el diario *El País*. En Marruecos, las mujeres con cáncer a las mamas o al útero son abandonadas por sus maridos. La bigamia es consentida por ley siempre que la primera mujer —la enferma— firme. Terminan todas haciéndolo para tener un seguro médico que les reconozca la enfermedad y las cubra. Pasan a la total relegación en sus casas, despechadas y mutiladas. En medio de la bestialidad siempre hay algo que agradecer: la Margarita se enfermó en Chile, no en Marruecos.

Graham Greene decía que en el corazón de todo novelista hay un pedacito de hielo.

14

Los atardeceres en el campo son el momento en que el alma se queda callada. Entonces veo la muerte como el vacío de un tono. A su vez, el vacío como la ausencia de proximidad. La Margarita fue mi compañera de juegos, aquella esencial de la infancia. ¿Qué relación es más próxima que esa?

¿Quién te matará las arañas cuando yo no esté?, me preguntó un día. Cuando entrábamos por la tercera puerta del corredor de la casa en el sur, la de nuestra pieza, le rogaba que pasara ella primero. Puede haber arañas, lloriqueaba yo asustada. Yo las mato, me respondía con una seguridad abismante. Y entraba, revisaba toda la pieza, miraba bajo los muebles y las camas y se deshacía de ellas tomándolas con la mano. Ya, Marcela, entra, está listo.

No tenía el más mínimo sentido del miedo. Entonces yo persistía a su lado y ella me salvaba.

Ella era la ágil, yo la torpe. Amansaba caballos, galopaba a pelo tomada de la tusa como los indios de los westerns o hacía gimnasia olímpica sobre la montura. Atravesábamos los potreros a una velocidad desquiciada. Yo la seguía, no solo arriba de los caballos sino también de los árboles, sobre las aguas del río Itata o por la escamosa piel de las culebras. Había una loma detrás de nuestra casa llena de guindos y perales. Un gato parecía, su capacidad de trepar, hábil, segura, alerta. Hasta que un día pisó mal y una rama del peral se rompió. La Margarita tendida en el suelo con los ojos cerrados. Antes de gritar y pedir ayuda, le arreglé el pelo y le despejé los ojos.

15

Le pregunto a veces a la Margarita si la estoy usando de disculpa para abandonarlo todo y encerrarme entre estos cerros. Si la he convertido en mi justificación.

Desde hace unos años pareciera ser esta mi tendencia, la que ella no aprobaba, considerando que yo «me daba muchos lujos» al negarme a cierto tipo de sociabilidad y exposición. De alguna forma le resultaba una afrenta. Para ella decir NO era faltar al mandato. Se burlaba de esta manía mía de perseguir soledades, me llamaba «Greta» por la Garbo y la parodiaba: *I want to be alone.* (En alguna visita mía a Chile cuando vivía en el extranjero fue a buscarme al aeropuerto y al atravesar las puertas de salida, en el lugar donde esperan a los pasajeros, divisé una pancarta que decía «GRETA». Era ella, por supuesto).

Le expliqué varias veces que era la materialidad de la soledad lo que me atraía, la falta de ruido. Entonces no te leerá nadie, me decía, preocupada, por algo los escritores aprovechan cada posibilidad de promoverse. (Era periodista, lo sabía). No, Manga, pecaré de falta de ambición, pero no quiero pagar ese costo para que me lean.

Recordando a la Millot: Hice de la capacidad de estar sola mi ambición.

Pero escribiendo.

Hay una enorme diferencia entre hablar (escribir) o callar. Nunca me tentó el papel de ermitaña muda: no le habría regalado mi silencio —uno más de miles y miles— a la costumbre aquella de una voz femenina menos.

16

Hacíamos circo y yo era tu trapecista.

Eso le decía la M. a mi padre en una carta. Porque ella era la diversión de la familia. La graciosa, la bromista, la más festiva. Un día apareció la inevitable contradicción y dijo, muy seria, estar cansada de ser la TV de todo el mundo.

Por mi casa de campo pasa alguna de mis hermanas y me plantea el peor de sus pesares: ¿y quién nos va a hacer reír ahora?

17

Yo, la gran lectora de la familia, no llego más allá de Twitter. Pocos caracteres, esa es la cosa. A veces leo la prensa, si es que llega a estos lados, o pequeños ensayos literarios, con ellos voy a la segura. Pero la literatura, la ficción, no, no me la puedo, me entristece. Presenta riesgos, entre palabra y palabra puede aparecer la vulnerabilidad. Para Borges la lectura era una forma adelantada de alegría. Me quedo sin ella.

Recibo una invitación a una reunión glamorosa en un precioso hotel de la costa del Pacífico mexicano. He estado antes en ese lugar y lo he definido como lo más cercano al paraíso. Pero la rechazo. Ni siquiera quedan energías para ser feliz. Me corrijo de inmediato: no *quiero* ser feliz.

También abandoné a Brahms. Tendidas en mi cama de la casa en Manuel de Salas, yo dándomelas de experta, le explicaba cada una de las cuatro sinfonías. Nos comprometimos a enterrarnos con Brahms, ella con la *Segunda*, yo con la *Cuarta*. Llegado el momento, estando ya enferma, pidió el *Concierto número 2*. Estoy segura de que se confundió, que se refería a la sinfonía y no al concierto. Pero no era el momento de corregir a nadie.

Brahms ha quedado fuera del repertorio. Una cosa más.

Pruebo con Arvo Pärt. Lo pongo a todo volumen, ni un vecino a quien molestar. Caigo en la cuenta de que no se trata de este compositor o de aquel otro sino de la música en sí misma. Termino haciendo, en voz alta, la misma pregunta a los cerros. Margarita, ¿dónde estás? ¿Dónde crestas estás?

18

Una señal contundente: la economía de los gestos. Escasea el empuje y debo racionarlo, como el pan entre quienes han pasado mucha hambre. Todo con lentitud, gotas de suero en el brazo de un enfermo. Compruebo que me han crecido las uñas y no me las corto. La buganvilia roja se ha desatado y me rasguña pero no voy por las tijeras. El pelo, naranja de sol, cae inerte; que caiga. La ducha diaria, su constante oferta de recomenzar, no invita a nada y la miro y la miro cada mañana, indecisa. Me visto solo de negro por lo que no debo aguzar la imaginación para elegir la ropa cada día, casi no tengo vestidos negros, alargo la mano y tomo el más cercano. Como si no me vistiera. El durazno de mi jardín dio frutos, grandes, redondos, amarillos y no los vi. Desgana. Desidia. Laxitud. Negligencia. Pereza. Pienso en los vagabundos y, para mi sorpresa, es envidia lo que me provocan. Una envidia oscura, pero envidia igual. Pasan frío, qué duda cabe, pero estamos en verano, no hay que adelantarse. Lo que me atrae de ellos es, como diría un empresario, la falta absoluta de agenda. Ambiciono la libertad con la que deciden el día a día, cómo han roto con la tiranía doméstica. Sus rutinas, si es que las tienen, nacen de las tripas, no de la norma. No deben sentarse a la mesa. Tampoco sonreírle a las visitas. No van al supermercado, no dan explicaciones porque se acabó la leche. No se cambian de ropa ni hacen la cama. No se embadurnan de cremas ni limpian sus rostros de noche porque nadie da un maldito peso por sus pieles o arrugas. Pueden tenderse bajo la sombra de un árbol grande, una higuera o un nogal, y permanecer allí hasta que el cuerpo les pida otra cosa. No se lavan los dientes después de cada comida. Tampoco están obligados a ser inteligentes ni a desesperarse ante cada brutalidad de Trump. No mendigan el silencio: se lo toman.

He vuelto a fumar. Luego de nueve meses dramáticos y triunfales ganándole a la adicción. Al cigarrillo, siendo como es mi mejor amigo, lo veía venir de vuelta. ¿Cómo mirar las estrellas —las que aquí en el campo te aturden por su nitidez— sin su compañía? Al final, una fumadora seria fuma hasta la muerte.

Espero tener, en algún recóndito lugar de la mente, un *yo* que controle este desmadre.

En un pueblo junto al mar
poseer una casa y poca hacienda
y memoria ninguna. No leer,
no sufrir, no escribir, no pagar cuentas,
y vivir como un noble arruinado
entre las ruinas de mi inteligencia.

(JAIME GIL DE BIEDMA)

19

Al narrar la muerte de su mujer en *Una pena observada*, C. S. Lewis se queja de que nadie le hablara nunca de la pena. Todo le parece un horrible esfuerzo, desde afeitarse hasta leer una carta. (Otro más con ganas de ser un vagabundo). Pensaba que un hombre infeliz buscaría distracciones para salir de sí mismo. Pero él, al contrario, se identifica con un perro cansado que necesita una manta extra porque tiene frío y al no tener la energía para buscarla, prefiere yacer tiritando. Cree que el solitario —en este caso, él mismo— se torna descuidado y finalmente sucio y desagradable.

20

Convivo con la muerte como lo haría una pareja mal avenida, con reticencia, con suspicacia, con rabia, pero al fin y al cabo con intimidad.

Algo he leído hace poco, no recuerdo dónde, sobre criaturas remendadas.

Los dolientes no son más que eso, los afligidos. Remendados.

21

El duelo no es un continuo. A veces pasa desapercibido como si jugara a las escondidas pero siempre se le encuentra, como cuando se juega con los niños. Cualquier salto distinto, cualquier distracción, cualquier mínimo goce o *normalidad*, asemeja a una traición.

Hoy me compré una yegua. Inglesa, alta, larga, hermosísima. La nombré como a ella, la Rucia.

22

Andy Warhol coleccionaba cajas de cartón en las que guardaba cualquier cosa, sin otro criterio de selección que su pertenencia. Las llamaba «Cápsulas de tiempo».

Quiero hacer mis propias cápsulas. En una caja pequeña guardaría arañas peludas con sus asquerosas patas gruesas y gelatinosas, ya disecadas si fuera posible. En otra más grande, un par de culebras del sur, esas que no llegan a medir un metro, grises con dibujos negros, acostaditas en la caja, todas enrolladas en sí mismas. Una, enorme, sería solo para recortes de Charlton Heston, el verdadero amor de nuestras vidas. Alguna para los diarios de nuestra infancia, con corazones absurdos y fotos de la Paloma —la yegua blanca de la Margarita— y del Tai, el caballo mío, negro, pero no tanto. Me gustaría incluir un par de pinches para el pelo y algún bordado de nuestros delantales.

23

Debí ir por dos días a Santiago y perdí a la Margarita.

Bien lo dice Freud: Consideramos cualquier interferencia (con el duelo) como poco recomendable e incluso perjudicial.

Volví al campo y nos encontramos de inmediato. Frente a la buganvilia blanca y a las sandalias Birkenstock que me regaló el verano pasado. La buganvilia está plantada frente al ventanal de mi dormitorio, es mi primera vista al correr las cortinas cada mañana. Las hay rojas, rosadas, fucsias. Pero es la blanca la suya porque me desaconsejó plantarla. Con la vasta experiencia adquirida en el jardín de su casa en Puerto Octay, sabía que las blancas eran difíciles, porfiadas, que a veces se negaban a florecer, que requerían más cuidado que las demás. Son impredecibles, me explicaba concentrada, voluntariosas. Y más frágiles que sus hermanas de colores. Esperé un par de años. Las otras crecieron a toda velocidad, saludables y exuberantes, incluso presuntuosas en la forma de inundar el jardín y de saturarlo todo. Pero un día la blanca, tímidamente, empezó a florecer. Con pausas, como si respirara un poco a desgana, pero con una escondida decisión. Tal como fui advertida, hoy es la más pequeña, la más endeble, la que concede sus flores con más avaricia. Pero aceptó vivir.

La buganvilia es blanca.

El jazmín también.

Las gardenias de mi árbol preferido son blancas.

Blanca, el alba, la ausencia.

Dame algún signo. Aunque sea uno mínimo. La eternidad es demasiado larga. Y lo definitivo no es una dimensión para los humanos. Más bien, no es una dimensión, definitivamente.

Dime algo, Manga.

Si me quieres escribir, ya sabes mi paradero. (*En el frente de batalla. Primera línea de fuego*).

24

Cuando fui a Santiago vi en la vitrina de una tienda elegante un cojín dorado. Dorado de reina, ese dorado. En un raro impulso, entré y lo compré, solo porque no pude hacerle resistencia. Lo instalé en medio de un sofá en el living. A la mañana siguiente me lo encontré de sopetón, brillante, fastuoso. Era el pecado.

Parafraseando a Barthes, me espanta absolutamente el carácter *discontinuo* del duelo.

25

En mi familia somos todos alérgicos a las clínicas. Las odiamos. Cuando hace cinco años mi madre comenzó a mostrar los síntomas del fin, la retiramos de la clínica (la Indisa, un horror, aprovecho para denunciar tan mala experiencia) y la trasladamos a mi casa. Instalamos allí un *home clinic* (qué país tan siútico e invadido, lleno de palabras en inglés). Es decir: un pequeño hospital, con enfermeras las 24 horas, doctores, medicamentos, balones de oxígeno, cama clínica, todo lo necesario, pero *en casa,* con la familia en pleno a su alrededor, con sus hijas y nietos y yernos y primos entrando y saliendo cada vez que podían, con tibieza, con cocina abastecida (aunque ella ya no tuviese hambre), con los gatos caminando sobre su cama, con música, con permanente compañía y bastante jolgorio dentro de las circunstancias (otra característica de la familia: hasta en los peores momentos nos reímos, aunque parezca de desalmados, siempre hay risa). Nos arrinconábamos al lado o arriba de su cama con el vodka de la tarde en la mano. Entonces yo preparaba un libro de cuentos y trabajaba de noche porque durante el día, con tanto ir y venir, escaseaba la concentración. La enfermera del turno de la

noche, contenta de tener interlocución a esas horas tan
invisibles, entraba a mi escritorio a cualquier hora y me
comentaba el estado de salud de mi madre, y si entre un
tecleo y otro del computador escuchaba su respiración
más entrecortada —las puertas siempre abiertas— de-
tenía el trabajo y me iba a su lado. Le tomaba la mano
y cuando la notaba calmada volvía a mi escritorio. De
raíz: jamás podríamos haber hecho aquello en un hospital. Cuando ya todo terminó, acarreamos su ataúd al
living (solo tuvimos que quitar una mesa de centro y
mover un poco los sillones) y allí el personal del Hogar de Cristo lo instaló entre dos grandes candelabros,
prendieron los cirios y el *Réquiem* de Brahms hizo el
resto. El padre Fernando Montes —gran ser humano—
le hizo un hermoso responso y dejamos abierta la puerta
del departamento (es el único en el piso, no molestába-
mos a nadie) para que todos nuestros amigos y parientes llegaran a despedirla. Cuando alguien mencionó si
no sería adecuado trasladarla a la iglesia, sus hijas nos
opusimos. Por nada la dejaríamos en aquel lugar, sola y
abandonada. Más encima, la iglesia era tan fría.

Durmió en mi casa.

Su ataúd y yo. Llevé un plumón al living, me tendí
en el sillón largo y pasamos la noche lado a lado.

Por supuesto, la Margarita vivió esto paso a paso. Más
tarde, cuando se reconoció a sí misma que la enfermedad avanzaba, nos instruyó a repetir con ella esa

44

experiencia, por nada del mundo su final en una clínica. Así se hizo. Suspendimos nuestras vidas. Ya lo habíamos hecho antes. Solo que ahora ocupábamos *su* casa, no la mía, como había sido con nuestra madre. Y, por supuesto, todo resultó distinto.

Ella vivía en uno de esos departamentos elegantes que dan al Club de Golf, aquellos con más riqueza que espíritu, con decoración más convencional que atrayente, habitándose también de ese modo: con formalidad. No existía la apertura del mío con nietos y gatos arriba de la cama, las voces infantiles estaban vedadas. Nos sentíamos de visita en un lugar ajeno, sin embargo era nuestra hermana la que se estaba muriendo. Perdíamos tiempo buscando restaurantes donde ir a almorzar (la mesa nunca estuvo puesta para nosotras) y rastreando taxis por las noches en calles desoladas por exclusivas (todavía no había bajado la app de Uber). Ahí era impensable el aperitivo de la tarde, la mesura jugaba su papel, mezclada con una escasa acogida, todo menguado. Entonces empezó la más loca de las fantasías: la de robarse a la Margarita y llevarla a mi casa y darle el fin que ella se merecía, como fue el de mi madre, con todos —hijos, nietos, amigos— circulando con libertad, con música, comida y alcohol, con la nanas de la familia haciendo café a cada hora y preparando almuerzos para todos, con las risas familiares entremezclándose, pudiendo acompañarla a su modo, a nuestro modo, al modo genuino de la familia en la que se crio. La Margarita era una de nosotras cinco, la más divertida, además. ¿Era legítimo que agonizara en tal prudencia?

Nuestra gran amiga doctora, A., nos disuadió. ¿Lo habría querido ella así? ¿Y si se nos moría en la ambulancia que la trasladara? No le faltaba razón. Era géminis, después de todo. Y una mitad de ella amaba ciertamente aquella forma de existencia, la había elegido. Un día fui llamada aparte, al escritorio de la M., donde me enteré que, llegado el minuto final, sería trasladada de inmediato a la iglesia. Nada de velorios, nada de gente inundando la casa, la orden del día era separarnos y arrojarla al frío de inmediato. Entonces robaríamos su cuerpo. No lo dudamos ni un minuto. Y de una forma un poco más sutil, lo hicimos. Cuando aquel martes a las 11:50, Liz, la lindísima enfermera colombiana que estaba de turno, le tomó el pulso y en voz baja nos dijo «Se fue», llamamos nosotras al Hogar de Cristo y cuando nos preguntaron a qué iglesia la transportarían, dimos la dirección de mi casa. Repito, como buena géminis, murió en la suya pero fue velada en la mía. La única forma posible de juntar sus dos estaciones.

Partí de inmediato a preparar la casa para su llegada: retirar la mesa de centro, mover los sillones, colocar ceniceros en la terraza e instruir las compras. Y arreglar floreros pues los ramos no paraban de llegar. Mantengo la nebulosa imagen de mis dos hijas cocinando afanadas en la mesa de la cocina mientras yo atendía a las personas del Hogar de Cristo y volvíamos a instalar un ataúd en el centro del living (para eso sirven los livings, los mejores espacios de la casa y siempre desocupados). Fue una fiesta. Constreñidas tantos días, soltamos las amarras y festejamos. Pensé en México, una especie de segundo país natal. Recordé muchos primeros de noviembre, el día de los muertos, y la enorme fiesta que cruzaba desde Chiapas hasta el Río Bravo, la pena y la alegría fusionándose como un par de enamorados. En pocos lugares del mundo se ligan con tanta armonía ambas emociones como allí, frente a la muerte. Aunque era el *Réquiem alemán* y no las rancheras lo que se repetía y repetía a alto volumen, de solemnidad: nada. Las puertas abiertas, la casa repleta, los jóvenes inundando el living, la terraza, la cocina, y en el centro, la reina presidía todo, acompañada y amada. Los cirios prendidos. Las flores por todos lados. Fragmentos de historia se hicieron presentes esa tarde, las compañeras del colegio, los amigos de la universidad, los periodistas, sus colegas de profesión, los parientes presentes y los perdidos, todos sus sobrinos, los amigos de sus hijos. No estuvo en la iglesia ni un minuto más del que debió estar. Durmió esa noche conmigo. Ya muy tarde, cuando los demás habían partido, cuando éramos solo aquella caja de madera y yo, pude mirarla con la detención larga y con la inevitable pero anhelada intensidad. La vi preciosa en el ataúd, como hubo de estar en su cuna, su morada inicial y la final. Quisiera haberme apropiado de las palabras de Mateo y poder decir que mi yugo era suave y mi carga ligera. Las dos tan solas en esa casa, su cadáver y yo.

26

Freud define el duelo como una separación solemne de la actitud normal hacia la vida. Cuando el duelo ha cumplido su labor, *la deferencia por la realidad gana la batalla*, y agrega que el ego se vuelve libre y desinhibido de nuevo.

Pero aún el ego no se ha liberado.

El mío, al menos.

Me pregunto cuánto me falta para volver a la normalidad. Pero si la Margarita no volverá, ¿de qué «actitud normal» habla Freud? ¿Es que algún día será *normal* que la Margarita no esté? La ausencia es interminable. La ruptura del pentágono, irreversible. Debo, por tanto, lidiar con la autocompasión. Es una mala palabra. Una palabra llena de sílabas que me espanta. Por cómo se despliega. Por cómo reduce. Vuelvo a mirarla y cada letra me parece insolente, supongo que por su certeza. «Te falta una sola persona y ya ves el mundo vacío» —escribió Philippe Ariès a propósito de esta aversión en *Historia de la muerte en Occidente*. «Pero ya no tienes derecho a decirlo en voz alta».

El manto de Clara Sandoval. O era una colcha. O una frazada. Manto, colcha o frazada, no importa, todas cubren, tapan, entibian, protegen. Un envoltorio de piedad. Muchos cuadrados o rectángulos unidos entre sí, algunos ya deshilachados, estallidos de color, petardos en un día de fiesta, verdes, rojos, blancos con algún dibujo impreso, cafés, morados, un negro por aquí, un rosado por allá, abrazados unos a otros en un acucioso trabajo de patchwork —aunque, sin duda, ella no lo llamó así. Alguien ilustrado en mi entorno dice no saber quién es Clara Sandoval. Me enojo. Cómo no conocer el nombre de la dueña del vientre que parió a la Violeta y a Nicanor. El vientre más fecundo de Chile. (Ni Neruda ni la Gabriela, sus únicos equivalentes, tuvieron hermanos, un genio a la vez no más, no dos como la Clara Sandoval).

Ha muerto Nicanor Parra y su ataúd fue cubierto por este manto cosido por su madre hace mil años para él. Oficio de costurera. Imagino a la mujer, modesta, llena de críos, en el sur del país, inclinada sobre su máquina de coser, recogiendo los despojos de sus costuras, fragmentos de tela, excesos de sus clientes, para transformarlos en un regalo para su hijo mayor, para templar su cuerpo y protegerlo contra el viento sureño. Puntada a puntada, verso a verso. Cuáles serían los pensamientos de Clara Sandoval mientras hacía bailar la aguja, cómo decidió unir el rosado al verde, el marrón al negro, por dónde andarían sus sentires en aquellos momentos. Ni en su fantasía más delirante pudo pensar que el reposo final de su manto sería la Catedral de Santiago de Chile.

Mi madre sabía poco de costura. No previó el abrigo para el ataúd de su hija. Qué hermoso habría sido que nosotras, sus hermanas, durante aquellas largas horas acompañándola al lado de su cama hubiésemos tejido cuadrados de colores. Y haberla cubierto más tarde con ellos, como una bandera. Abrigadita pa'l otro mundo.

Paloma ausente mi madre no cosió.

Paloma ausente mi hermana que partió.

28

Al mes de su muerte, llevamos sus cenizas al valle, nos reunimos todos en una sencilla ceremonia bajo el enorme peumo —testigo de tantas generaciones— y aprovechamos para llorar unidos. Anulamos la Navidad. Nada que celebrar.

Para el segundo mes estábamos solas en el campo mi hermana Sol y yo. Ella sabe de misas y se las arregló para que en una pequeña iglesia desconocida para mí, casi al final del valle, se incluyera el nombre de la Margarita entre los fallecidos por los cuales se rezaría ese día. Debió hablar con curas y sacristanes y supongo que dar alguna propina, limosna o como se llame el dinero que reciben en las iglesias. La capilla, construida en abobe, era la esencia de una construcción campesina. Algunos ángeles y santos en los muros y la virgen de yeso todopoderosa sobre el altar. Adelante se sentaban los trabajadores con sus mujeres y sus hijos. Ocupaban la mayoría de los bancos. Atrás, los dueños de las tierras —rodeados de niños lindos— eran muy pocos. Totalmente segregados. En algún momento de la ceremonia —habrá sido el ofertorio— atravesaron el pasillo de la capilla otros campesinos, avanzaron hacia el altar y vi sus manos llenas de ofrendas. La imagen era lindísima, recortada del pasado, como en una ilustración de tiempos lejanos que ya no vuelven. El verde claro de la sandía con sus rayas de verde oscuro, el rosado amarillento de los duraznos, el rojo púrpura mañoso de las ciruelas. Posaron todos sus regalos a los pies del cura. Pensé, esto le habría gustado a la Margarita. Cuando pronunciaron su nombre me sobresalté (como cuando leí varias veces en la prensa la palabra «fallecida» al lado de su nombre, como si solo la letra escrita dijera la verdad). Por supuesto, los nombres de los muertos delataban de inmediato a cuál sector de la capilla pertenecían. ¿Y el de ella? Su segundo apellido es Pérez, después de todo. Inter-clase. Universal. La Sol y yo nos miramos y nos dio risa: ¿de qué lado estamos?

¿Qué hacía allí el nombre de mi hermana? El oficiante nunca la conoció, tampoco los que asistían a la ceremonia. Solo la S. y yo. Dimensioné la pobreza que nos rodeaba, el barro alrededor de la humilde puerta de entrada (¿por qué, si no era tiempo de lluvias?), los campesinos genuinamente comprometidos en el rito, los ricos cumpliendo con el deber dominical, la separación de los unos con los otros. Como si me hubiera sobrevenido una inesperada esquizofrenia, volví a un pueblo sudafricano cercano a Capetown durante el Apartheid, los campesinos eran los negros, por supuesto, ni qué decir quiénes eran los blancos, la misma proporción desmedida —tantos gobernados por tan pocos—, el mismo pesar en esos ojos de esfuerzo y desesperanza, la misma altanería en los otros, la misma soledad en un paisaje de nadie, lejano, barroso, perdido. Me pregunto qué habré dejado en esas tierras sureñas de África como para que vuelvan a mí en esta pesadumbre. Qué perdí yo —o gané— por esos lados. Tanta desigualdad encerrada en tan pocos metros cuadrados, y la Margarita al medio. (Le preguntó en una entrevista a José Donoso qué tipo de cosas le daban pena. Él respondió: «Estamos rodeados de miseria. La miseria pública es demasiado grande para estar preocupado de la miseria privada». A ella le gustó la respuesta).

Parafraseando a Freud: la realidad emite su veredicto.

29

«La vejez no es una batalla, la vejez es una masacre», escribe Philip Roth.

Weep no more, my lady, te libraste. Justo, justo en el momento en que te acechaba.

30

El relincho de un caballo. Eso vale la pena oír.

Incluso si aquel sonido se recrea en altos volúmenes, nunca satura.

Los estridentes: al manicomio.

Solo los silenciosos a la calle.

Monto a la Rucia, mi yegua nueva. Me pierdo con ella.

31

Hace algunos años participé en un velorio campesino. Se había muerto en el valle la Señora Olga, persona muy cercana a mi familia. Partimos de noche desde Santiago a Mallarauco a acompañar a los deudos. Al llegar, apenas había alcanzado a abrazar a sus hijos, alguien me sentó en un piso cerca del ataúd. Para rezar. Rezaban el rosario. En voz alta. Yo no recordaba todas las palabras pero sí las principales y me puse a repetir junto al coro el Dios te salve, María, llena eres de gracia, el Señor es contigo. Pasaban cosas en la habitación en la que estábamos, entraba y salía gente, algunas lloraban, los niños comían, pero nadie interrumpía el rezo. Había poca luz. Los deudos se afanaban. Estuve largamente allí rezando, era la mejor forma de compañía. Innecesarias las palabras, los pésames y los lugares comunes en torno a la muerte, todos parecían inundados por la paz del rosario. Un sedante. Un mantra.

Cuando la Margarita agonizaba y todas rodeábamos su cama lo recordé. Recemos el rosario, propuse. Alguna me miró con cara rara, yo, la única no creyente de la familia, haciendo esa proposición. La Anita Ávila, que viajó desde Ñuble a acompañarnos, llevó la voz cantante porque era la única que conocía la estructura severa del rosario. No es llegar y rezar, tiene un orden, se divide por misterios y cada uno tiene su propio nombre. Reviví los rosarios de la infancia en el campo, también sentada a su lado. Entonces recitábamos sin saber de verdad qué hacíamos. La misa no llegaba a esos lados los domingos y mi madre hacía un gran esfuerzo por reemplazar tal carencia. Nos juntábamos todos en la galería de la casa al atardecer y ay del que no asistiera. Solía ocurrir que la lámpara Aladino (a parafina, una mecha endeble dentro de un angosto tubo de vidrio) se subiera y empezara a asomarse el humo junto al enojo de mi madre ante tal interrupción. Terminaba cada rosario con «Alma de Cristo, santifícame. Sangre del costado de Cristo, embriágame».

En un momento determinado, ya en el presente, la Anita se confundió con los misterios (los Gozosos, los Gloriosos, los Dolorosos). Nadie supo cómo seguir. Oye, ¡búscate los misterios!, dijo algún sobrino millennial. Recurrieron a Google y empezaron a dictarnos. El rosario en internet, y nosotros que siempre seguimos una entonación y descuidamos las palabras. Ellos lo hacían en serio. Proseguimos en base al decreto que emanaba de la pantalla. Si estuviese despierta, a la Margarita le habría hecho gracia.

Rezamos largamente (un rosario entero es interminable) y pudimos apreciar una ola de tranquilidad, el aire se volvió pacífico, incluso la respiración de la propia enferma. No importaba el sentido del rezo, la sustancia era el rito. Sin interrupción, sin sobresalto, la letanía, lo dicho por miles y miles anteriormente, generaciones enteras repitiendo y repitiendo. Mi abuela, mi madre, nosotras, nuestros hijos. La reiteración.

Eso es el rosario. Un mantra de sanación colectiva.

32

Éramos las dueñas universales de *Los diez mandamientos*, ella y yo, nadie más. Charlton Heston, Yul Brynner, Anne Baxter. O por decirlo en nuestro idioma, Moisés, Ramses y Nefertiti. Cecil B. de Mille como el maestro que nos regalaba y permitía rayos de luz, Moisés como el héroe máximo, el hombre completo y total, y el desierto africano como el escenario más propio y familiar, como si se encontrara a la vuelta de la esquina. (Más tarde lo conocí, sin ella; en medio de esa arena roja y absoluta se erige una pequeña capilla en el lugar exacto donde Moisés vio la tierra prometida. No accedió a ella por rencores e iras de su Dios, pudo solo divisarla y ser testigo de cómo su pueblo la hacía suya. En esa capilla prendí una vela por mi compañera de infancia, ¿por quién más podría haberlo hecho?). Pero a nosotras nos interesaba más la primera parte de la película, antes de que Moisés llevara a su pueblo a la meta, antes del intermedio, cuando él era aún joven, rico y poderoso en la corte del faraón. Nunca le perdonamos al director que le quitara todo su glamour a partir del momento en que vio a Dios en aquel arbusto ardiente. Su conversión lo volvió asexuado y, aunque no lo planteáramos frontalmente, resentíamos esa pérdida. Íbamos tras la película donde fuera que la dieran. Una vez llegó al cine Marconi, en Manuel Montt, cerca de donde vivíamos en Eliodoro Yáñez. Era rotativo, la veíamos varias veces, y eso que duraba más de tres horas. Recitábamos los diálogos junto a los actores, nos sabíamos partes enteras de memoria. Si entonces hubiese existido el sistema de reproducción privada —video, DVD— nuestras vidas habrían sido otras. Cuando hubo televisión, esperábamos Semana Santa para poder verla. Ya de grandes, la compramos de inmediato cuando estuvo disponible en el mercado.

(Un día, estando todas en el campo, invitamos a nuestras hijas adolescentes a verla con nosotros, la Margarita y yo tiradas arriba de la cama de mi madre, rodeadas por este auditorio, seguíamos gritando en las mismas partes, recitando los mismos diálogos, analizando la misma arruga que se le hacía en el mentón a Charlton Heston cada vez que daba un beso en la boca. De repente tomamos conciencia de cómo nos miraban nuestras hijas y sobrinas, nos creían unas locas, se reían de nosotras y de la antigüedad de la película, que calificaron de ridícula. Para las escenas finales, solo quedábamos la Margarita y yo).

Heston fue el centro de nuestras vidas.

Un día, la revista *Ecran* —toda sepia, toda fotos que nos enardecían— publicó la dirección de Charlton Heston (creo que esto ya lo relaté en alguna novela, pero valga la repetición). Seguro que pensamos que se trataba del correo de su propia casa. Chile era pequeño, austero y provinciano, no había industria de cine. Esto para explicar que no entendíamos nada de los mecanismos de la publicidad. Continuando con la revista *Ecran*, tal perspectiva le dio un vuelco a nuestras pequeñas y encerradas vidas. Decidimos de inmediato escribirle y para subrayar nuestra devoción le enviaríamos fotografías de nosotras. En esos tiempos, principios de los sesenta, una fotografía era una cosa seria. Había muy pocas. Nadie tenía cámaras fotográficas y el revelado, aparte de caro, tardaba una eternidad. Entonces, si un par de preadolescentes del barrio alto deseaban obtener fotografías suyas, debían ir a la tienda Bustos, en Pedro de Valdivia con Providencia, y posar. El resultado era un cartoncito de dos centímetros por uno y medio, en blanco y negro. A un precio determinado —el más barato— entregaban tres pequeñas copias en la misma pose, todas idénticas. Por unos pesos más, además de mirar de frente, torcíamos la cabeza hacia la izquierda y luego hacia la derecha y así acumulábamos tres poses. En un arrebato de vanidad, hicimos esto último.

En la casa de Eliodoro Yáñez había una terraza trasera, al fondo del jardín, que albergaba una gran pieza y un baño. Se ocupaba de bodega y nadie entraba allí, salvo la Margarita y yo clandestinamente pues la habíamos declarado nuestro cuartel general y allí nos juntábamos para lidiar con nuestros asuntos privados. Y el más privado de todos pasó a ser la carta que le enviaríamos a Charlton Heston. La preparamos con esmero, convencidas de que nuestro héroe en persona la leería. Terminada la parte escrita nos concentramos en

61

la elección de las fotografías. Luego de un arduo análisis le propuse que nos hiciéramos pasar por mellizas y enviáramos dos fotos mías. ¿Por qué?, preguntó ella sorprendida pero aún inocente. Porque soy más linda que tú, le respondí con toda naturalidad, pensando en el efecto que tendrían estas imágenes sobre el actor. Su pelo era castaño claro, crespo y corto. El mío, en cambio, era largo y liso, todo lo que se requería en esos años. Mis ojos eran más grandes y en la foto, al no tener color, no se distinguía su verde del café mío. Estuvo de acuerdo y accedió con humildad.

Un par de meses después el cartero nos entregó dos sobres celestes con timbre aéreo, uno a nombre de ella, el otro a nombre mío. ¡Charlton Heston nos respondía! En cada sobre, una fotografía grande y diferente, lustrosa, con sendas dedicatorias escritas con lapicera fuente, tinta azul, For Margarita, For Marcela. Su firma. Su propia mano, su puño y letra. Nosotras corrimos hacia la pieza trasera, sin respiración.

No pudimos comer ese día.

Las escondimos como el tesoro más valorado, como si hubiésemos robado un diamante y la policía entera lo buscara. De vez en cuando nos dábamos cita en la pieza de atrás y las mirábamos. Fue, sin duda, uno de los hitos más importantes de nuestra infancia.

Si como sostiene Rilke la patria es la infancia, mi compatriota fue ella.

33

Tennessee Williams sentía que vivíamos perpetuamente en un edificio en llamas y que lo único que debíamos salvar del fuego, siempre, es el amor.

Tengo mis dudas.

Tengo mis dudas porque tengo rabia.

Muchas veces me he preguntado por los espíritus inmundos de los cuales suele hablar el Evangelio. Aquellos que Jesús curaba con solo levantar una mano. Su propio nombre los sugiere inmateriales. Pero yo los vi. Con mis propios ojos. En la herida del costado izquierdo de la Margarita.

34

Pienso en los que no tuvieron un cuerpo que velar. Pienso en los familiares de los detenidos desaparecidos.

De mis propios muertos solo a uno no lo vi.

Lo asesinó la Caravana de la Muerte en octubre de 1973, en Antofagasta. Más tarde en Santiago se hizo una misa en su memoria, sin cuerpo presente. Luego partí al exilio. Una mañana en Roma, dos años más tarde, iba caminando por Via Giulia y de súbito me acometió un dolor enorme en el abdomen. Me detuve, tratando de detectar a qué se debía. Un verdadero tormento se apoderaba de todo mi interior. Y escuché en mi cabeza, con toda nitidez: E. ha muerto. Como si el mismo firmamento me hubiese enviado esa información. Hasta aquel momento era una idea, una tristeza abstracta con la que convivía. Entonces comprendí que era cierto, solo entonces en mi corazón fue cierto.

Es que no vi su cuerpo.

Se debe enterrar a los muertos propios. Lo que no han podido hacer tantos compatriotas. Cada madre, cada esposa, cada hija y cada hermana: una Antígona. Miles de Antígonas han marchado por las calles de nuestro país en vano. Han preguntado y nadie ha respondido. Cuenta la leyenda que al hermano de Antígona, muerto en una batalla que él mismo había instigado y perdido, lo castigaron arrojando su cuerpo a los campos de las afueras para alimentar con él a los animales, quitándole así el último derecho, el de ser enterrado. Aquello revestía la más vital importancia: en la cultura griega sostenían que el alma de un cuerpo sin entierro estaba condenada a vagar por la tierra eternamente. Nunca, nunca la paz. Antígona no lo resiste y desobedeciendo las órdenes de Creonte, el rey, parte a los campos a buscar el cuerpo de su hermano para darle sepultura. Creonte se enfurece y la condena. El Estado. Esta desobediencia le cuesta la existencia: es condenada a ser sepultada viva.

¿No es así como habitan los familiares de los desaparecidos?

35

Margarita, ¿leíste alguna vez a Elias Canetti? Qué lástima no haberte preguntado a tiempo. Debemos hablar de él. Por su odio a la muerte.

Su gran anhelo fue escribir un libro contra la muerte. No llegó a conformarlo como tal pero se pasó la vida apuntando, pequeños papeles, cientos de papeles, miles de papeles. Seguro de que así vencería de alguna forma su enorme aborrecimiento. Vivió las dos grandes guerras del siglo veinte; cómo no probar, entonces, destruir tan macabro hechizo. (La guerra ha llegado hasta el espacio cósmico, la Tierra toma aliento antes de su final). En toda mi extensa vida de lectora, no encontré jamás una escritura tan obsesiva, tan tenaz y voluntariosa, tan empecinada contra un objetivo determinado. Narrar, narrar hasta que nadie muera, diría. Las mil y una noches, las millones y una noches.

Se pasó la vida escribiendo lo que él pensó que no había llegado a escribir. A su partida, aparecieron los miles de apuntes, trazados, borroneados, subrayados. Los editores hicieron el resto.

Hoy es mi libro de cabecera, late a mi lado como un objeto vivo, como mi gato que duerme sobre mi cama, el que se lleva todas mis malas vibraciones mientras duerme y en su sueño limpia el mío. Canetti se ha convertido en mi cómplice y mi consuelo. Juntos resoplamos sobre los últimos alientos. Y los odiamos.

36

Me afanaba con un matamoscas en la mano persiguiendo a una de esas gordas y ruidosas que no cejan en las noches de verano mientras mi nieto de tres años, instalado sobre mi cama, observaba mis piruetas con un cierto grado de inquietud.

Él: ¿Mataste a la mosca?

Yo: Sí, por fin la maté.

Él: O sea, ¿está muerta?

Yo: Sí, se murió.

Él: ¿Como la Manga?

Yo: Sí, como la Manga.

Me mira serio y concluye:

La Manga es una mosca.

Un mes más tarde, leía tendida en un sillón de la terraza muy concentrada y él jugaba a mis pies con sus dinosaurios. Sin prólogo alguno, tenemos el siguiente diálogo.

Él: Yo estoy vivo.

Yo: Claro, estás vivo.

Él: Tú también estás viva.

Yo: Sí, yo también.

Él: La Manga está muerta.

Yo: Sí.

Él: Los muertos no sirven para nada.

Ya de noche, en cama, me encuentro con Juan el evangelista repitiendo: «La carne no sirve para nada» (Juan es un adulto inspirado, por lo tanto antepone: «El espíritu es el que da vida». Juan 6, 69).

37

Observo una imagen de la escultura de Rodin, *Orfeo y Eurídice*. Avanza un hombre joven desnudo a través del mármol resplandeciente mientras se tapa la vista con una mano. Le sigue una figura femenina, también desnuda, a punto de no estar enteramente esculpida; aunque su torso sobresale, da la impresión de que el cincel le negase un cuerpo entero, las piernas apenas visibles emergiendo de la roca. Le toca el brazo amorosamente a su acompañante, un contacto leve pero exacto.

Están a punto de ver el sol, vienen del inframundo.

La historia en que Rodin se basa para esta escultura es una de aquellas fascinantes e intricadas de la mitología griega: se trata de Orfeo, joven músico que se enamora de la ninfa Eurídice, y contraen matrimonio. Pero un día, mientras ella escapa del abuso de otro hombre, la muerde una víbora venenosa y cae muerta en la hierba. Orfeo se sumerge en la más rotunda congoja y, por contar con el privilegio de ser hijo de Apolo, consigue la autorización para descender al inframundo. Para hacerlo debe neutralizar a Cerbero, el perro siniestro, el guardián del Hades que vigila sus puertas. Como es un músico muy dotado, toma su lira, le agrega dos cuerdas y tocándola de manera celestial, logra adormilar al perro y traspasar. Solo se le exige una cosa a cambio de arrancar a Eurídice de allí: un acto de confianza. Al tomar a su amada la guiará por las grietas y túneles hasta el sol sin mirar ni una sola vez hacia atrás; Eurídice lo seguirá. Pero Orfeo, a punto de alcanzar la luz, no escucha las pisadas de Eurídice, cree que ella ha desviado el camino y da vuelta la cabeza para comprobar su presencia. Ella está ahí, pero él ha sido derrotado por la desconfianza. Llegan los guardias del Hades y le arrebatan el cuerpo de su mujer. Esta vez ni los dioses pueden salvarla. Así, Orfeo debe vivir en la tierra, viudo, desconsolado y solo.

La descripción del inframundo en los textos es, por decir lo menos, tenebrosa. No pienso que sea el infierno, es solo la muerte, el Hades, nada más. Y ahí están todos, padre y madre, la Margarita. Quisiera ser hija de un dios y lograr un viaje hacia allá. Aunque no tendría cómo dormir al monstruo Cerbero: me faltaría la lira y las dotes musicales. No pretendería, como Orfeo, robarla, solo verla unos pocos minutos, preguntarle cómo es la cosa, saber si ha encontrado algún escondrijo donde se filtre un poco de luz. Quizás ya sumergida en esas tinieblas no me reconocería. Tal vez habría olvidado cómo era la vida aquí o habría dejado de interesarle. También existe la posibilidad de que, en su inmensa seducción, hubiera convencido a uno de los guardias de dejarla salir un minuto con sus manos bien sujetas a las mías.

No soy hija de Apolo. Nada que hacer. Me consuelo pensando que quizás Nicanor le ha prestado el manto que le cosió Clara Sandoval. Así la Margarita se ha cubierto con él, desplazando al fuego, a la tormenta y a la noche.

38

Algunas de las definiciones de la palabra *fin* (según el *Diccionario Ideológico de la Lengua Española* de la RAE):

terminación
conclusión
desenlace
ultimación
acabamiento
consumación
ocaso
fenecimiento
perecimiento
extinción
término
clausura

Tanta palabra a memorizar. Tanta palabra con la que convivir. Tanta palabra a internalizar.

39

Joan Didion define un funeral como una especie de regresión narcótica. Concuerdo en lo anestésico que resultan los ritos frente al shock del primer dolor. Me he incluso preguntado qué haríamos si ellos no nos obligaran a actuar, a salir de la casa, a preocuparnos por algo distinto a nuestra aflicción.

Teníamos que enterrarla.

Enfrentar la materialidad.

La materialidad, querámoslo o no, es siempre prosaica.

Partir por el principio: vestirla. Todas metidas adentro de su closet, cada una con una idea diferente. Este vestido blanco le quedaba bien. No, nunca se lo puso. ¿Y este de seda beige? No me tinca la seda, a la larga es pegajosa, busquemos algo de algodón. Tonta, cómo si importara. Claro que importa. Cuando apareció el vestido morado nadie dudó, tantas veces la vimos en él. Era mexicano, una tela rústica pero suave, casi una túnica, lo adornaban unos pequeños bordados blancos.

Para ponérselo, la enfermera nos echó de la pieza como si ese acto lo resistiera solo ella. Luego su hija y su nuera la maquillaron.

Cuando murió era una muerta, cuando estaba lista ya era ella.

Organizamos todo con una rapidez asombrosa.

El Hogar de Cristo.

¿Qué madera puede ser, señor?, pregunta una. ¿Roble, raulí? Espéreme un momento, déjeme preguntar.

Que sea pino si la van a cremar...

Tiene que ser caoba, grita otra desde el fondo de la pieza.

Sí, que sea principesca.

Ya, nos quedamos con la caoba. No, no tenemos aún el certificado de defunción. ¿Ah? ¿Es obligatorio?

Mierda, ¡los formularios!

¡Hay que ir a la Clínica Las Condes! ¡Y rápido!

En simultáneo, la Iglesia.

Nos gustaría que a las once fuera la ceremonia. Sí, sabemos que a las doce es la misa regular... no, no nos atrasaremos... no se preocupe, esta familia no resiste los discursos largos...

¿Qué prefieren? ¿La una o las dos? Las once, imposible...

Bueno, la una. Está bien. ¿Aló? Sí, señor, hacemos la reserva.

La música.

¿Bach? ¿Por qué no Brahms?

La Margarita quería enterrarse con Brahms.

No jodas, ¿quieres llevar a la Sinfónica?

Tendrá que ser Bach.

¿Cuatro voces?

No, doce.

¿Cuerdas?

¿Cómo vas a tocar a Bach sin cuerdas?

¿Y por qué no Schubert? Algo como un trío para piano.

¿Qué tiene que ver la Margarita con Schubert?

¿Se incluirá algún himno religioso, para la comunión, por ejemplo?

¿Un canto de misa, quieres decir?

La Sol llamó al director del coro de la Universidad Católica (Víctor Alarcón —en un gesto de enorme generosidad— acudió al llamado de último momento con todo su coro).

¿Quiénes harán las peticiones?

Que sean pocas, ¡por favor!

No vaya a pararse cualquiera frente al micrófono…

Hablando leseras domésticas…

Se reparten las lecturas entre los sobrinos, un tono espartano en toda la ceremonia.

Sus hijos, en estado de shock, aprueban cada una de nuestras iniciativas.

Quién sacaría el ataúd.

Ningún desorden.

El *Kyrie* de la *Misa Criolla*. Gregorianos. Camille Saint-Saëns. Para el ofertorio, Bach, *Sonata para violín solo n°2.* Mozart y de nuevo Bach para la comunión, *Cantata 147.* A la hora del fin: «Y yo lo resucitaré».

¿A quién resucitarán?

Y el cortejo: nada de aglomeraciones. Las prioridades clarísimas. La jerarquía. Sus hijos llevarían el ataúd. Inmediatamente detrás su hija y su nuera con los nietos. Su descendencia. Dejar que avancen solas unos pasos. Luego nosotras cuatro. No alcanzamos a pensar cómo, solo salimos de los bancos y curiosamente no nos tomamos de las manos. Entrelazamos los brazos.

El cortejo fue corto. Un recorrido desde el altar hasta los escalones de la puerta de la iglesia.

Sin embargo, allí quedé fija, en ese recorrido. Permanecí en ese túnel, el que formaba la multitud a izquierda y derecha del pasillo de la iglesia. Yo no la veía, a la gente. Avanzaba a pesar de ella por este túnel largo, largo donde solo entrábamos, solo cabíamos nosotras, con una única dirección, seguir el cortejo, que fuera eterno el cortejo, caminar y caminar y no entregar nunca ese cuerpo. Las voces del coro se alzaron, la muerte, preguntan, dónde está la muerte, y seguimos avanzando, las cuatro hermanas, un sólido bloque, como una sola hermana, reconcentradas y a la vez ausentes, nada, sin saber nada, que todo pase hasta que se canse la tierra. El coro entonces le pregunta en su canto a la muerte dónde está su victoria. ¿De qué victoria me hablan? La Margarita está aquí, adelante, aún su cuerpo entre los vivos. Mientras prosiga el rito es aún nuestra. Cuando terminemos de cruzar este túnel ya no lo será. Prolongar el cortejo, seguir eternamente sacando el ataúd de la iglesia, quiero quedarme en ese camino, persistir por los siglos de los siglos.

Sí, ahí está la victoria de la muerte.

El resto ya no estuvo en nuestras manos, saliendo de la iglesia pasamos a ser espectadoras, la entregamos. Finalizado el rito terminábamos nosotras. La luz del mediodía se volcó sobre el ataúd. Las voces se disiparon. Volvemos al cuerpo y a la distancia con él, se deposita, se ofrece, se reparte, se termina. Se despoja. La muerte nos desafiaba. Allí yacía. La victoria.

Apenas nos enteramos de la cremación, todo aquello nos fue ajeno.

El momento fundante del duelo es cuando se entrega el cuerpo. En este caso, en la puerta de la iglesia. Y desde su interior, en una cruz, un resucitado observa tranquilamente cómo una hermana se le muere a su otra hermana.

40

Me cuenta I. que su hermano murió un par de meses después de que ella naciera. Ya de grande su madre le relató que mientras la amamantaba le corrían las lágrimas y que aquellas lágrimas se mezclaban con su leche.

Quisiera alcanzar a mi madre y preguntarle qué pasaba por su ánimo y sus vísceras cuando amamantó a la Margarita.

Tres cánceres, uno cada diez años. El primero en 1992, el segundo en 2003, el tercero en 2013, que volvió el 2016 en todo su abominable esplendor. Treinta años convivió con la sombra, haciéndole el quite, peleándole en una batalla desigual, pero al final, ganando, siempre ganando. Y nosotras, sus aliadas leales, tras ella, nunca dudando del triunfo. Mil veces me he cuestionado por qué, de las cinco hermanas, fue ella. También se lo preguntó a sí misma, ¿por qué yo?

Leí —en una de mis múltiples lecturas sobre el cáncer— que todas se preguntan: ¿Por qué yo? Creí en un principio que era una demanda que solo se hacía la Margarita y que se interrogaba más bien en cuanto a sus hermanas que a la humanidad —¿por qué, de entre nosotras, yo y no una de ustedes? ¿Por qué yo, entre las dieciocho millones de personas que hay en Chile? ¿Por qué yo entre las siete mil millones y medio de personas del mundo? Es probable que por ahí fuese su pregunta y mi lectura de ella, entonces, egocéntrica.

Ninguna respuesta, estéril e inescrutable.

De jóvenes, cuando éramos omnipotentes y la muerte estaba tan lejana como el sol, nos gustaba especular sobre cuál de nosotras moriría primero. La Margarita, como era la más divertida y la más liviana, era la última candidata. (Como si la muerte, en su voracidad, eligiera a sus opuestos). Las habíamos más trágicas, más arriesgadas, más vulnerables. ¿Por qué ella? Pero entonces no importaba, era solo retórica. Entonces, todas íbamos a ser reinas. Pero, en palabras de Jorge Teillier, ella fue reina de otra primavera.

41

El PET

Tomografía por emisión de positrones.

Como la guillotina para los aristócratas franceses, el PET para nosotras. Ese examen como el veredicto. El único certificado real del cáncer, el que dictamina la vida o la muerte. Cada vez su resultado era una insurgencia, nos atropellaba sin piedad, nos convocaba y nos aterraba. Difícil implicar el cuerpo de la Margarita en aquellas placas grandes repletas de pequeñas muescas, toda ella —mi hermana— hecha mil cortes, repartida entre esos absurdos dibujos que, más que una prueba científica, asemejan variaciones de frutas o verduras desconocidas, incoloras, un tanto abstractas, oscilando entre una ilustración del expresionismo alemán y un grabado de Max Ernst. Sin embargo, era ella. Cada tajo, cada incisión, cada lámina era su cuerpo. Esas aborrecibles placas eran su enfermedad.

Montevideo, 7 diciembre de 2016. Presentaba allí mi última novela. En el hotel, sola de noche, yo aguardaba el resultado del PET reciente. Un instante normal, habría calificado Joan Didion: una mujer en una cama ajena trabajando en una ciudad que no le es propia, mirando el WhatsApp en su teléfono para saber noticias de su país. Hasta que apareció en la pantalla el mensaje esperado. Y se acabó toda normalidad. Informaba que el monstruoso desorden de las células había alcanzado el hígado. Era el fin de las resurrecciones. Esta vez las guerreras no tendrían batalla que pelear. Con una nitidez cruel nos advertían que había llegado el final. Tantas veces revivida. Cáncer o no, la pensábamos inmortal. Surgía, vivísima, de las más horribles tinieblas. Hasta esa noche.

Ahí, en ese momento y lugar, comenzó mi duelo.

(Un año después estaba muerta).

«Frente a mi puerta pasó una sombra negra con los ojos cerrados y el dedo en los labios». (Teresa Wilms Montt).

Lloré, lloré y lloré. No tenía a quién acudir, nadie a quién participar, ni hablar de un hombre donde esconder mi cabeza repleta de pesimismo e incredulidad. Me paseaba por la inmensa suite hundiéndome una y otra vez en las preciosas maderas de su piso, enjaulada en sus muchos metros cuadrados, con la imagen del hígado de la Margarita, puto hígado, la mancha de la muerte persiguiéndome, repitiendo sin clemencia, esta vez es verdad, esta vez no habrá resurrección. Las horas eran largas, infinitas como el litoral de Chile, podía seguirles su rastro como en un mapa. A ratos se me atravesaba lo inmediato, debo dormir, debo estar mañana temprano en la televisión, me espera una agenda repleta. Pero el sueño no llegó. Alguien me preguntó por el chat si tenía algún calmante a mano. Por supuesto, no tenía nada. Nada que apaciguara, silenciara, mintiera. Padecí la noche entera. Larga fue esa noche.

A la mañana siguiente, a primera hora llegó a buscarme V., la encargada de prensa de la editorial. La esperaba lista, impecable, como si nada hubiese sucedido. Cuando minutos después las cámaras de la televisión me enfocaron, pensé: soy una profesional. Y ese fue el único poste al que arrimarme.

42

La Margarita nunca entendió que yo volviera exhausta de mis giras en el extranjero luego de presentar mis novelas. La performance de la escritura, como si no bastase con escribir. Le explicaba esto por enésima vez, cómo odiaba yo la exposición y ella, genuinamente asombrada, replicaba, ¡pero cómo no te va a gustar! Entonces agregaba: Yo debiera haber sido la escritora de la familia, me habría encantado subirme a un escenario, además, ¡lo habría hecho tan bien!

Cómo no. Era la actriz de entre nosotras. Siempre fue la protagonista de las miles de pequeñas obras que presentábamos ante la familia. Recitaba, bailaba, dramatizaba. Fue la actriz principal en la obra que se montó en el colegio *The King and I*, interpretando el papel de maestra inglesa de los hijos del rey De Siam que en el cine hizo Deborah Kerr. Incluso, ante un arrebato loco de mi padre, montaron con mi primo Pelayo una tragedia griega, creo que fue *Electra*, y lo hicieron en griego. ¿En griego?, podría preguntarse cualquiera, ¿cómo en ese idioma? Por cierto que no lo hablaban, solo recogían su sonido.

Me pregunto por qué mi destino se enredó con la vida pública que tanto rechazo, y no el de ella. La que se subía a los árboles, la que declamaba a Alfonsina Storni en la infancia, la que era capaz de disfrazarse con velos y bajar la escalera bailando en el hotel más concurrido de Nueva Delhi, la que cantaba arriba de la micro para avergonzarme, la que daba pasos de rock and roll en plena calle, esa era ella. No yo. Jamás conoció la palabra fobia en ninguna de sus acepciones ni tampoco la timidez. Después de todo, ella tomó las culebras con la mano, no yo. ¿Qué hacía *yo* arriba de un escenario?

Nunca lamentó no haber estudiado teatro.

Sin embargo, a la hora de revisar sus pendientes, no dudaba. Un día, ya hacia el final, le pregunté: ¿Qué te falta, Manga? Escribir y ser más abuela, me respondió.

43

Escribió mucho pero nunca fue suficiente. Fanta-
seaba con grandes libros que no llegó a materiali-
zar. Se dispersaba. Su última ambición fue escribir
sobre los Acuerdos de Paz en Colombia. Se comu-
nicó con quienes correspondía, se reunió con los
respectivos encargados de la ONU, armó un camino factible para llegar a las FARC. Pero en esta ocasión no fue su dispersión la que lo impidió sino su
enfermedad.

Publicó varios libros, entre ellos algunas estupendas
biografías (Raúl Rettig, Edgardo Böeninger). Muchos
han insistido en que a la hora de hacer una entrevista
ella la convertía en un arte. Como periodista fue original. Nunca fue una inquisidora. Contaba con aquella
rara capacidad de equilibrar las grandezas y las mise-
rias en sus entrevistados. Algunos la acusaban de des-
lumbrarse con ellos. No. Ella captaba perfectamente la
mezcla variable de oscuridad y luz en el otro y, por su
personalidad, les daba el beneficio de la duda, a veces
más allá de sus trayectorias objetivas (algunos, con varias cuentas que rendir). Intentaba conciliar la grave-
dad de ciertos comportamientos con la *inocencia* que

lograban esgrimir contando sus percepciones de esos mismos hechos. Permitiéndoles hablar.

Muchos de esos entrevistados asistieron a su funeral. Y coincidían en que la Margarita —en sus textos— había sacado de ellos lo mejor, incluso fragmentos de sí mismos de los cuales no tenían conciencia.

44

La muerte es una loba carnicera.

Se instala fija en mis retinas. Camina a tropezones con su hocico abierto y muestra sus dientes filosos y ensangrentados, aún retiene en sus mandíbulas retazos de carne de su última presa. En su piel, áspera y enmarañada, se fusionan el negro, el gris, el café oscuro. Se mueve apenas, con la mirada extraviada en sus ojos pequeños y mezquinos, escabrosas sus garras hinchadas, enormes y mojadas.

Pienso dónde situarla para que me deje tranquila.

Art Brut. En el museo aquel en Lausana que creó Dubuffet para los marginales. Para los locos, los prisioneros, los que no eran supuestamente artistas. Allí el ruso Eugène Gabritschevsky, encerrado en un manicomio durante cincuenta años, dio vida a figuras monstruosas y a animales rarísimos. En papeles robados de la basura, páginas de calendarios o lo que pillara, creaba estas aberraciones. No podía detenerse, pintando y pintando. Cinco mil obras reunidas, arrojando en ellas «el ruido infernal de mi vida gastada».

Ese es el lugar para la loba carnicera. Allí debo depositarla.

Ella es un ruido. Una fosa común.

45

«Adiós, Carlos de Rokha, hasta la hora en que no
nos volvamos a encontrar jamás, en todos los siglos
de los siglos, aunque sean vecinos de vestigios, los
átomos desesperados que nos hicieron hombres».

A. me regala el epitafio que le escribió Pablo de Rokha
a su hijo suicida. A pesar de mi feminismo irreductible,
localizo en algún rincón oscuro de mi mente envidia
por un cierto matiz en las palabras de De Rokha que
nunca será mío e intuyo la razón: su masculinidad. Hay
una cualidad en el lenguaje de hombre a hombre que
se pierde en lo femenino. ¿Será una potencia determi-
nada? Como todo lo demás, es una clave ideológica.
Es difícil —culturalmente— imaginar un discurso tan
desnudo y brutal naciendo de la convención de lo femenino, donde existe una radical diferencia de tono
y sentido. Y aunque quisiera apoderarme apasionada-
mente de esas palabras, no son las que elegiría para mi
hermana.

46

A propósito de la muerte de su padre, Philip Roth escribió *Patrimonio*. Detalla allí toda su enfermedad hasta el instante final. En un momento determinado, estando el padre en su casa en el post operatorio, sube las escaleras para ocupar el baño del segundo piso y no alcanza a llegar, lo fulmina una diarrea feroz. Inunda todo, ropa, baño, piso, alfombra, cama. Y su hijo, sigilosamente, para que nadie se entere, mancha a mancha, va limpiándolo todo. Lo hace con enorme estoicismo para evitar que alguna huella del desastre humille a su padre. «De modo que *esto* era el patrimonio. Y no porque limpiarlo simbolizara alguna otra cosa, sino precisamente porque no, porque no era sino la realidad vívida que era».

La limpieza de los excrementos toma al menos cinco páginas del libro, Roth no nos ahorra ni la más mínima crudeza de aquella situación, no esquiva el asco, la vergüenza del padre, los cubos y escobillones y rollos de papel que debió usar en tamaña empresa, ni su náusea.

«Este era mi patrimonio: no el dinero, ni los tefelines, ni el cuenco de afeitar, sino la mierda».

47

Aunque yo no debí limpiar la mierda de la Margarita, si lo hubiese hecho, ¿lo relataría? ¿Tendría el valor para hacerlo?

A primera vista, es fácil decirse: Roth es hombre. Como De Rokha.

Si he emprendido este viaje, las mentiras sobran. Pero reconozco de inmediato el tirón en el cuello, soy una niña pequeña y una mano me tira de la blusa, del cuello de la blusa, para que me detenga. No entres allí. No hagas eso. No vayas para allá. No es que me enfilara hacia un abismo ni que mi vida peligrara, no se ha desbocado el caballo, no avanza hacia mí la corriente del río. Esa mano me sujeta y me inmovilizo parada sobre los ladrillos rojos del suelo de la galería en la casa del sur. Detente. Es la voz de mi madre. Es la de mi abuela y la de mi bisabuela. Seguro que también habla aquella anciana del enorme óleo que cuelga del muro y que no sabemos ni su nombre, solo un antepasado más. El cuello duele, la fuerza del tirón duele, la norma inyectada a sangre y fuego en cada vena duele.

Roth cuenta en su libro que en un momento, caminando por la calle con su padre, este, con su dentadura postiza en la mano, dijo no saber qué hacer con ella. El hijo la toma y se la guarda. «Al coger la dentadura, con su saliva pegajosa y todo, y metérmela en el bolsillo, acababa de franquear, sin darme cuenta, la fosa de alejamiento físico que, de un modo no enteramente contrario a la naturaleza, se había abierto entre nosotros en cuanto yo dejé de ser un muchacho».

Cuando la enfermera entraba al dormitorio de la Margarita a curarle esa horrible herida en el lado izquierdo del pecho, en el antebrazo, yo daba vuelta la cabeza y no miraba. Cuando debían levantarla para llevarla al baño, yo salía de la pieza. Ya limpia e inmaculada en la blanca cama, cubierta por las blancas sábanas, me hacía presente.

Porque ni con ella ni con mi madre franqueé la fosa del alejamiento físico que sí Roth al tomar la dentadura postiza del padre. Porque ese tirón de la infancia en el cuello, entre otras cosas, decía que el cuerpo no existía. Ninguna de sus partes ni sus funciones tenían nombre porque no lo necesitaban, para qué si jamás se les mencionaba.

¿Hablar de la mierda en un texto?

Pienso que soy un milagro de la naturaleza, que mi destino natural tendría que haber sido entrar a un convento o sentarme, impoluta, en un parque a mirar a mis siete hijos jugar. Algo así, aunque por cierto exagero. La acción más provocativa podría haber sido guardar un libro de poemas junto al canasto del tejido y solo mirarlo de tanto en tanto. Poesía francesa. No es que ayudara el catolicismo formal y beato que se enseñaba en esos tiempos, donde la idea de pecado permeaba cada mañana y cada noche. Si no me casaba con Jesús mismo y mantenía para siempre mi virginidad, debiera haberlo hecho con algún señor conservador, senador ojalá (porque el servicio público en esos tiempos *sí* importaba y de allí venían mis dos abuelos, uno diputado, el otro senador) y permanecer a su lado hasta el fin de los días.

Pero tampoco fui el milagro que yo misma quisiera a veces creer. No me entregué a la iglesia ni me casé con el senador de derecha, de acuerdo, pero tampoco fui capaz de lavar la herida de la Margarita. Ni de hablar del cuerpo, de los olores, del deterioro, de la miseria de la enfermedad. La podredumbre final sella mis labios. Como la convención aprendida en los tirones del cuello.

48

Vengo de la cultura de los tres patios.

Mi abuela vivía en una casa cuya arquitectura, heredada de la colonia, constaba de tres patios. Desde el primer patio se enfrentaban los salones, la parte pública, la fachada de la familia, elegante, neutra y silenciosa. Desde el segundo, los dormitorios, las voces un poco sigilosas y la intimidad a medias porque la cama —al menos la de la abuela— era un lugar central, apetecido y muy ocupado. En el tercer patio, el de la cocina, el de las mamas (a las que hoy equivocadamente llaman nanas) y algunos empleados, se instalaba el ruido, aquel era el espacio de los olores, de la actividad, de la vida. Y de los niños. En él se enterraban los secretos. Y el cuidado del cuerpo. Desde las tizanas hasta una venda, de allí provenían. La enfermedad era la única que cruzaba cada patio.

El primer patio se llamaba honor.

El segundo patio se llamaba pudor.

El tercero, materialidad.

La crudeza del cuerpo resultaba opuesta a la intimidad del vínculo. Era una opción de los propios dolientes. Así como en el primero y en el segundo el control jugaba un papel central, en el tercero la tosca realidad hacía lo suyo, nada de represión, nada que contener. Las voces se alzaban y a nadie le importaba. La lectura, ocupación principal en aquella casa, se atendía en el salón cuando era colectiva, en los dormitorios cuando era individual, perpetrando así la marca de la familia: la cultura oral pertenecía al tercer patio. Los mejores cuentos de infancia me los contaron allí, los tenebrosos, los que me aterraban y fascinaban a la vez. En el salón, en cambio, estos se leían, significativos, sintéticos, sobrios y moralizantes. Aunque se desborde, la literatura es siempre un orden. Las culturas orales, en cambio, son rebasadas, inundadas, excedidas. Por eso son gritonas y por eso nosotras no soportamos el grito. En la historia del pudor queda excluido el derramarse, el dispersarse.

(Mi padre estaba hospitalizado luego de un infarto al corazón que lo tenía al borde de la muerte. Yo velaba a la puerta de su habitación cuando un alboroto irrumpió en mi silencio, en el pasillo una mujer joven, como yo, provocaba una gran confusión con su bullicio y sus alaridos. La miré entre asustada y molesta, ¿qué le pasa?, le pregunté a la enfermera. Es que su padre se está muriendo. Bueno, el mío también).

Los corredores que cruzan los tres patios separan capas de escenario y aspereza. En el tercero, la sangre de un animal se lava después de derramarse y luego este se mete a la olla, fuera los melindros. Desde allí se cruza al segundo patio donde yace la crudeza de la enfermedad. Mi madre nunca se hizo cargo de la materialidad de la enfermedad de mi abuela. Nosotras no nos hicimos cargo de la de mi madre. Si lo hubiésemos hecho, habríamos roto su intimidad y ella lo habría resentido.

Son dos culturas, la de Philip Roth y la mía: la del vínculo material y la del pudor.

49

Papeles desordenados adentro de un cajón, una nota escrita por la M. Es algo doméstico, la dirección comercial de unas lámparas bonitas que quiero copiarle para mi casa de Mallarauco. Podría reconocer su escritura entre miles, su ligera inclinación hacia la derecha, las puntas de los bordes superiores de la m, la guata de las a, esa forma de ignorar un poco las r. Me pregunto si existe un rasgo más propio, más personal, más característico de una persona que su letra.

Vivir en el campo es como escribir a mano. Oficio cada día más olvidado y degradado. Todos se apresuran en dirección de la ciudad en busca del estímulo tal como desechan los lápices y los cambian por las teclas o el *touch*. La apaciguada lentitud por la rapidez.

No quiero vivir en aquel mundo de mañana que será regido por seres humanos que desconocen la caligrafía.

50

La vida no se dignó conservarla.

El futuro nos parecía tan extenso como el río Itata, ignorábamos las corrientes subterráneas encubiertas bajo su lustrosa y verde superficie.

Habito en un nuevo país: uno en que la Margarita no está. Vuelve y vuelve el país de antes, en el que la Margarita vivía. Este país nuevo está enteramente poblado, no cabe duda, pero una sola ausencia lo desmiente todo.

Albert Caraco, en *Post mortem*, se pregunta si es razonable sufrir siempre, si nos mejora el dolor, si los muertos a los que lloramos saben que lloramos. Y me encuentro —otra vez— con la autocompasión, como en todo texto que habla del duelo: si nos volvemos inconsolables, dice, nos convertimos en víctimas de la autocomplacencia. ¿Es capaz el ser humano de perseverar en la pureza que nuestra propia naturaleza niega?

Yo no deseo dejar de sufrir. Si eso sucediera, equivaldría a traicionarla, a ella, a la hermana muerta. A olvidarla.

Ya estamos a mediados de febrero y la única constante es que la Margarita no está. Lo demás se mueve. El gardenio floreció, sus pequeños capullos blancos —los más fragantes que la naturaleza haya parido— brotaron esplendorosos para dejar de lucir muy luego, apurados como animales en fuga; durante largos atardeceres limpié cada uno de sus desechos, hoja a hoja, las que se habían secado por culpa de su corta temporada. La gente atraviesa el portón de fierro que nos aísla del universo, nos visita y continúa, legítimamente, con su rutina donde los duelos no tienen por qué tener cabida. Mis hermanas van y vienen, en cada oportunidad aprovechamos para chequear el estado de la otra. Ninguna originalidad: cada una tratando de evitar la respiración entrecortada, el dolor en cada hueso, atajando por la fuerza presencias idas. Pero, al contrario de lo previsible, no nos reunimos a afligirnos colectivamente; todas juntas no es más que la constatación de la que falta. Se sumó al duelo por M. el aniversario de la muerte de mi padre y no supe cómo hacerle espacio, juzgando que ya no me cabía tanto muerto.

Han pasado las semanas, dos meses y medio, caigo en la cuenta de que el verano termina y que el 1° de marzo vencen también los cien días de duelo prometidos. Y no ha pasado nada. Algunos apuntes en este cuaderno, algunos collages con su fotografía. Recojo palabras de Piedad Bonnet en *Lo que no tiene nombre*, escritas durante el duelo de su hijo perdido: «En mí persiste la sensación de que esta es una situación provisoria, circunstancial. Siento que *algo* está por suceder, que *algo* tiene que pasar. Y de pronto comprendo: lloro y nada pasa. Leo y nada pasa. Escribo y nada pasa».

No he avanzado ni un kilómetro en esta sinuosa carretera invasiva e impertinente. Me pregunto qué pensamiento mágico me llevó a creer que encerrarse en el campo por esa cantidad de tiempo haría alguna diferencia.

Consuélate, Manga: no se avanza.

51

Si un conductor ve por el camino a un par de mujeres jóvenes con un letrero en las manos que dice SIRIA o VENEZUELA, ¿detendría su auto?

Fue idea de la Margarita. Era el año 71. Vivíamos en París, financiadas por nuestro padre para aprender francés. Sin embargo, nos habíamos gastado la plata paterna y éramos pobres de misericordia. Juntábamos unos escuálidos francos haciendo de babysitters o de meseras en un restaurant de barrio. Un día quisimos ir a Chartres pero no contábamos con el dinero suficiente para tomar dos pasajes de bus. Entonces ella dijo: tengo una idea, nos pararemos en la carretera con un cartel que diga CHILI.

Chile vivía en aquella época la Unidad Popular y Europa entera miraba con ojos atentísimos el devenir de este socialismo en democracia. Hasta entonces nadie había probado siquiera algo tan complejo, o lucha armada o nada. Francia e Italia resultaban, por sus propias historias y sus partidos políticos, los más interesados. Se hablaba de Allende como de una figura mundial que si lograba poner en práctica esta experiencia, pasaría a la historia como el máximo constructor. A la Margarita le gustaba decir que estábamos de moda, lo que resultaba cierto. Cada vez que nos revelábamos como chilenas toda la atención se volcaba hacia nosotras. Mayo del 68 había ocurrido apenas hace unos años atrás y el país entero estaba muy politizado. Todos los días nos preguntaban por nuestro proceso y a los más comprometidos se les hacía difícil entender que leseáramos en París en vez de vivir día a día esta transformación (cosa que terminamos preguntándonos más tarde también nosotras mismas).

La cosa es que queríamos conocer Chartres y su iglesia con los vitrales más lindos del mundo. Cuando la Margarita me mostró la pancarta con el nombre de nuestro país yo juré no ir a ninguna parte con ella. Los carteles suelen decir para dónde una quiere ir, no de dónde viene, insistía yo. ¿Quieres ir a Chartres o no? Como en muchas circunstancias anteriores, la seguí, muerta de vergüenza. Cuando extendió los brazos con el cartel en plena carretera, yo me escondí. Por supuesto, el primer auto que nos vio se detuvo.

Así recorrí más tarde por primera vez Europa con ella, país a país, con su ingenio y su encanto —que era mucho—, sacándonos de cualquier apuro. Juntas llegamos a Roma en un tren desde Florencia y mis ojos se detuvieron por primera vez en aquella ciudad que además de eterna era roja y ocre, sin sospechar que más tarde la haría mía y que faltaban solo dos años para que yo volviera allí, dolida y derrotada, buscando refugio.

Nuestra «historia europea» comenzó del siguiente modo: la Margarita había partido con mucho boato a

España a casarse y no se casó, y en vez de volver a su país, con otra de mis hermanas enviada por mis padres para hacer de chaperona de la novia, terminaron escapándose a París. Se instalaron en el Barrio Latino en pos de «vivir la vida» cuando mi padre se puso firme: o estudiaban francés o se volvían a Chile. La Margarita se inscribió en la Sorbonne y estudió francés como Dios manda. Entonces me incorporé yo. A fines del 71 se volvió conmigo a Chile, para regresar más tarde a España y esta vez casarse de verdad con el mismo novio chileno del que se había arrepentido anteriormente. Claro que en esta segunda vuelta no había ni ajuares ni chaperonas. Se casó en la torre de un pueblo medieval llamado Atienza, en Castilla-La Mancha, solo con mi padre de testigo, que volvía desde la India para acompañarla. (Más tarde llamaría así a su hija mayor, Atienza). El novio era un economista de la UC, adorable y conservador, y ella lo quiso hasta su último aliento. Fue el padre de sus tres hijos y «el amor de mi vida», proclamaba ella, sin pudores, luego de haberse separado de él y de haber tenido muchos otros amores. La aventajó en tres años —murió en 2014— con ella a su lado, cuidándolo. Recuerdo su funeral y cómo la Margarita, que vivía ya con otro hombre, ofició de viuda y que fue ella quien recibió los pésames y lo enterró.

52

Cosas que le gustaban a la Margarita:

escribir
los tacos altos
suspirar
la manicure
los visos en el pelo
controlar a sus hijos
ignorar conflictos
seducir
negar
las telas volátiles
viajar
perder el tiempo
los caballos
los panoramas bucólicos
hacer mermeladas
conversar con intensidad
reír

53

A la muerte de mi madre, hace cinco años, nos convertimos en herederas de un fértil pedazo de tierra en la
provincia de Melipilla, en el valle de Mallarauco. Este
fue el lugar donde ella se estableció cuando su enfermedad fue demasiado hostil para una ciudad como Santiago, donde también se había refugiado mi abuela Blanca
al enviudar con sus nueve hijos, pudiendo darles de
comer y sacándolos adelante, y mi bisabuela Elisa que
peleó por este lugar cuando su madre, una vieja pesada
y arrogante, pretendió desheredarla por haberse casado
con un hombre —un advenedizo, un señor Walker—
que la familia desaprobaba.

Le habíamos prometido en vida no subdividir, la
tierra sería colectivamente de las cinco hermanas.

Mallarauco como el amparo.

Solo seguimos la tradición.

A poco andar de nuestra orfandad decidimos re-
pararla construyendo cinco casas en el huerto, una
para cada una. Encontramos el lugar donde morir todas juntas (eso decíamos). Donde retirarnos. Donde
envejecer. Cinco casas perfectamente independientes
una de otra pero con la suficiente cercanía para cruzar

hileras de árboles y encontrar consuelo si fuera necesario. La Margarita, a través de su hijo arquitecto, se hizo un granero en medio de los naranjos, aprovechando el jardín y la piscina de la casa grande, la de mi madre, que quedó en manos de la Nena, nuestra hermana mayor. Plantó hortensias y lavandas y algunos cipreses y colgó cuadros lindísimos en sus altos muros. Alcanzó a disfrutarla poco tiempo.

Era —y es— un gran proyecto. Además de lo que implica la compañía familiar, nada nos divierte tanto a las hermanas como la compañía de las otras. Esa fue una característica que nació con nuestros cuerpos, nadie alcanzó a inventarla, estaba ahí. Alguna dijo un día, ¿para qué tenemos amigas si nos tenemos a nosotras? Aunque tienden a ser más bien abstractas, nuestras conversaciones abarcan un amplio espectro, desde la política contingente al último viaje de donde alguna viene llegando, desde el libro que cada una lee hasta la pena de un hijo o la última serie en Netflix. Cuando al atardecer cruzo a la casa vecina de mi hermana Sol, atravieso por los paltos con el vodka listo en la mano y con preguntas metafísicas en la cabeza que la pobre tendrá que responder; la literatura y la historia han devorado muchas de nuestras horas (a cada una le gusta el quehacer de la otra). Lamentablemente a la Margarita la requerían también otros campos, en Rengo, en Puerto Octay, y no resultaba inusual su ausencia —como si nos estuviera preparando— a pesar del placer enorme que le procuraba su granero nuevo. Sí, nos advertía. (Siempre esa inquietud cuando alguna no aparecía; como bien dijo una vez mi padre, «falta una, faltan todas»).

Cada vez que llego a mi casa de Mallarauco me detengo un momento en la terraza, alzo la vista hacia los cerros y luego me centro en el verde profundo de todo mi entorno, el pasto, las plantas, los árboles, siempre los naranjos destacando su fruta como gemas de oro ante mis ojos —la casa en medio del huerto—, y agradezco. ¿A algún Dios, a la vida? No, es mucho más concreto: a mi madre, a la abuela Blanca, a la bisabuela Elisa.

Cuando mi madre se convirtió en heredera de la suya, nosotras, sus hijas, no le hicimos mucho caso. Nos interesaba el sur, la tierra enorme y salvaje de la familia de nuestro padre. Mirábamos este campo con cierto desprecio y lejanía, tan cerca de Santiago, tan pequeño, su tierra toda plantada, nos parecía terriblemente civilizado. Que diera o no de comer nos tenía sin cuidado, las adolescentes no reparan en ese detalle. Todos aquellos frutales no nos significaban nada, nuestro anhelo eran ríos, caballos y praderas gigantes donde galopar y no nos interesaban ni el gas, ni la electricidad, ni la cantidad de gente que habitaba el valle. (Cómo hemos agradecido más tarde la presencia de nuestros primos en todos los campos vecinos). Qué injustas fuimos, pienso ahora, con mi madre. Se construyó la casa, plantó, instaló riego por goteo, lo cultivó e hizo productivo, todo enteramente sola. Debimos quedarnos sin el sur para que nuestros ojos decidieran voltearse hacia acá. Recién entonces miramos estos huertos, sin mucho afecto, sin mucho entusiasmo, sin la menor sospecha de que, al fin, encontraríamos en este lugar del mundo la tierra prometida.

54

FACEBOOK:
Mallarauco Comuna Melipilla
ATENCIÓN #DIFUNDIR
LA PRIMERA MUJER EN GANAR EL
PREMIO NACIONAL DE HISTORIA ES
#MALLARAUQUINA.
#NUESTRO #VALLE #SE #LLENA #DE
#ORGULLO.
GRACIAS POR ESTA ALEGRÍA INMENSA A
NUESTRA GENTE.
#SOL SERRANO HIJA DE NUESTRA TIERRA.

(La patria chica, me dice A.).
A propósito de la tierra prometida.

55

Tres generaciones de Margaritas.
   Margarita, mi abuela.
   Margarita, mi hermana.
   Margarita, mi hija.
   Deshojando margaritas (te quiero mucho, poquito, nada).
   Margarita, está linda la mar.
   El maestro y Margarita.
   Margarita para los chanchos.
   Margaritas por todos lados. Y por ninguno.

Uno por uno tomaba los caracoles y los ponía en fila sobre el camino de baldosas que nos llevaba al patio de atrás en la casa de Eliodoro Yáñez. Luego iba por su triciclo cuyas latas eran de color concho de vino, distinto a los demás por sus extrañas ruedas tan anchas. Instalaba la rueda delantera exactamente en el lugar donde terminaba la fila de caracoles, muy precisa. Entonces se concentraba para actuar: arremetía sobre los pequeños animales, avanzaba con sumo cuidado, aplastándolos uno a uno sin piedad. No dejaba ninguno vivo. Le gustaba el sonido que hacían las conchas al quebrarse.

Nos deleitábamos con los cuentos de la Biblia.

El arca de Noé, uno de sus preferidos. (Más tarde he concluido que nuestra vida autárquica en el sur nos llevaba a elegir historias y espacios que se contuvieran a sí mismos. Sin saberlo, nos identificábamos).

La idea de construir una enorme casa/barco nos parecía majestuosa. Mandar dentro de ella, dictar allí la última palabra y guardar en su interior solo lo que nosotras eligiéramos. La sensación de poder que nos asignaba esta elección era inconmensurable. Si peleábamos con alguien en la mesa, nos pateábamos por debajo para decirnos: ella no va en el barco. Nos interesaba más que nada subir a nuestros caballos y yo insistía en agregar a los perros del campo, todos quiltros, lo que la Margarita me concedía sin mucho entusiasmo. ¿Cómo seleccionamos a las vacas, si son todas iguales?, me preguntaba. No importa, le contestaba yo, mientras subamos al toro que está en el corral. Nos entretenía mucho pensar a qué personas invitaríamos. Nuestras listas, evidentemente, cambiaban de un día a otro.

Un día peleamos la Margarita y yo por culpa del litre. El campo estaba plagado de esos árboles y nos habían advertido mil veces sobre la alergia que producen si alguien se frota con sus hojas. Ella se puso a jugar, desafiando al litre, apuesto que no pasa nada, dijo, pero al día siguiente amaneció hinchada y repleta de granos. Pareces un chancho, le dije y me reí de ella todo el día. Muy molesta por mis burlas, me amenazó: si sigues, no te voy a subir al arca. La miré desconcertada y enojada, ¿te crees Noé?, ¿quién te dijo que Noé eras tú? Me respondió sin titubear: por supuesto que soy yo, ¡soy mayor que tú!

Reparamos en que nunca habíamos acordado ese rol, ambas suponiendo estar en el primer lugar. No sabíamos mucho del poder pero no estábamos dispuestas a transarlo.

Eliminamos el juego. Adiós, arca.

58

Mujercitas, cómo no.

No podía faltar en una infancia de los años cincuenta.

Meg, Jo, Amy and Beth. Fue el primer libro que leímos de principio a fin. Nos apropiamos de inmediato de los personajes. Por legitimidad, debíamos seguir el orden de nacimiento de cada una. Nadie puso en duda que las dos mayores eran Meg y Jo. Pero algo pasó con las menores, así que yo terminé siendo Amy y la Margarita, Beth. Trato de recordar cómo sucedió. Si hubiese sido solo por mi capricho, mis hermanas no lo hubiesen permitido. Tuvo que haber algo más. Quizás alguna decidió imponerme ese personaje porque era el más ambiguo, el más difícil, situando así a la Margarita en un lugar suave y amado.

No lo sé. Pero me identifiqué con Amy muy tempranamente y siempre le tuve un poco de rabia a Jo por su rivalidad con ella. A los ojos de hoy resulta absurdo: no hay una sola escritora que, habiendo leído a Louisa May Alcott, no se haya reencarnado en Jo.

Una noche, ya en cama, la Margarita me dijo, con una expresión abatida y la voz un poco triste: No quiero ser Beth… Beth se muere.

59

El brazo de la Margarita.

El izquierdo.

Entre el cáncer del 2003 y el de 2013, vivió una vida normal, sin acechanzas, con plenitud. Creíamos firmemente en la resurrección de nuestra hermana y la pensábamos eterna, como siempre se piensa a los muy queridos. El único elemento inquietante era ese brazo.

Al principio solo la incomodaba. Sentía que le fallaba la fuerza en él pero lo ignoraba, hacía el ejercicio de desconocerlo, de no tomarlo en cuenta. Los primeros años arrinconaba ese malestar, lo excluía de su cotidianidad. Se hizo los exámenes de rigor como se los hace toda persona que ha navegado por las turbias aguas, tenebrosas, de los tumores malignos. Lo atribuyeron a efectos secundarios de la radioterapia efectuada en el primer cáncer, en 1992, y a la mastectomía posterior, en 2003: parte de las secuelas y complicaciones posibles. Convencida de ese diagnóstico, solo tomó medidas paliativas para el dolor y las molestias. Desde el punto de vista médico, un edema progresivo de la extremidad superior izquierda. Este edema de origen linfático no comenzó de inmediato, el tiempo puede haber sido largo y distante del tratamiento que lo causó.

En el año 2009 hicimos juntas un viaje a China y a Vietnam, un viaje largo y pesado, y recuerdo que ya en esa fecha presentaba dificultades para cargar su maleta. Yo guardaba en mi cartera una botellita de Tramal por si le venía alguna crisis. Solo una vez, creo que fue en la Bahía de Halong, en el país vietnamita, lo necesitó.

A medida que pasaba el tiempo, el brazo fue empeorando y resultaba imposible relegarlo de nuestras inquietudes. Empezó a cambiar su forma y color, a ensancharse, a tornarse levemente púrpura, a variar de temperatura. Su mano colgaba de él como una prisionera encadenada que debe seguir a su captor al costo que sea. El frío de esa mano. Yo siempre se la tocaba, como los violinistas tocan las cuerdas antes del concierto. Un día, estando yo en su casa y saliendo ella de la ducha, me pidió que por favor le abrochara el sostén. Caí en la cuenta de lo impedida que estaba en su domesticidad. A veces la atacaban pequeñas descargas eléctricas y ella se crispaba mientras el cuerpo se retraía. Era el dolor del brazo. Se quejaba poquísimo. Ese mismo cuerpo empezó lentamente a vivir en torno a este miembro mañoso, deformándole la espalda, el hombro, como si se lo estuviera engullendo, como si él dictara las órdenes sobre todo el organismo. No fue hasta 2013 que explotó. La Margarita, negándose a sucumbir, organizó un viaje a Miami con dos de mis hermanas —solo para tenderse en la playa y «reírse un poco». (Recuerdo que me llamó preguntándome si quería participar; mi respuesta fue inmediata: ¿Miami? Por ningún motivo, qué lata). A la vuelta de ese viaje, por haber atestiguado mis hermanas el mal estado del brazo, se fueron directo a la clínica. Se hacía imposible, a esas alturas, ignorar la interrupción perturbadora. Entonces comenzó el calvario. Como señala C. S. Lewis, digan lo que digan los imbéciles, el cuerpo puede sufrir veinte veces más que la mente.

Vuelvo al punto de vista médico: el edema se hizo extremo, hubo cambios de temperatura de la piel, episodios de dolor invalidante y se desarrolló una parálisis de toda la extremidad. En ese momento se realizó el primer PET, que mostró masa tumoral del porte de una pelota de tenis en la axila izquierda acompañada de trombosis venosa profunda y compromiso de todo el sistema nervioso responsable de la movilidad y sensibilidad de la extremidad. Esta masa tumoral comprimió los vasos arteriales, venosos y linfáticos y los nervios. Se tradujo en la instalación de este edema sin mejoría y, lo que es peor, condujo a una parálisis motora y sensitiva de toda la extremidad.

Recién he dicho *no fue hasta 2013 que explotó*. Qué frase estúpida, como si hubiese sucedido por arte de magia. Nunca saqué la cuenta de cuántos doctores visitó la Margarita durante los años del brazo malo, solo constato que ninguno de ellos previno la aparición de esta *pelota de tenis* hasta que se la descubrieron en un PET. Habría que preguntarse si se forma una masa tumoral de ese tamaño de la noche a la mañana. Apenas la miraban, la despachaban, no se hacían cargo de los cánceres anteriores sino para culparlos de lo que sucedía en ese momento: el brazo. De hecho, fue un médico de urgencias, absolutamente alejado del caso, el que sugirió hacer un PET. No olvidaré —una semana antes— a la Margarita bailando por el pasillo de la Clínica Alemana porque una mamografía de rutina había *dado estupendos resultados*. (Ojo: de rutina, en alguien con aquella historia). La habíamos acompañado todas sus hermanas porque a esas alturas estábamos asustadas, fue muy poco después de aquel viaje a Miami. Después de su baile por el pasillo, nos fuimos las cinco a comer al Fournil para celebrar, era un día feriado y las calles estaban vacías, también el restaurant. Pedimos muchos pisco sour, estábamos contentas. Y ella contó, como siempre, un par de anécdotas divertidas.

60

Los doctores, si de ellos hubiese dependido, habrían dejado viva a la Margarita para siempre con tal de seguir hospitalizándola, dándole quimioterapia, ensayando en ella los nuevos procedimientos contra el cáncer. Para hacerse una idea, la última quimio estaba agendada para tres días antes de su muerte. (¿Quimio, a una moribunda?).

La machacaron.

En este punto no puedo dejar de mencionar el tema de la salud en Chile. Del mundo occidental, somos uno de los países más alejados del Estado de bienestar. Hay solo dos sistemas de salud: el público —Fonasa— y el privado —las isapres. Si hablara del público me darían ganas de salir a promover la revolución esta misma noche, vía armada y todo, por lo tanto lo dejo de lado, no fue el que le tocó a mi hermana. Pero las famosas isapres son una vergüenza, una asquerosa vergüenza nacional. Todos los años publican sus ganancias (de cifras que una ni entiende ni retiene por lo astronómicas) mientras a nosotros —el 15% de la población que está inscrito en ellas— nos esquilman. Y los doctores y las clínicas —muchas de ellas propiedad de las mismas isapres— les siguen el juego, sus más dedicados cómplices. Hay que ser millonario para enfermarse en este país. Si no lo eres, te mueres, punto.

Odio la clínica donde trataban a la M. Sus mármoles, sus enormes pilares como de palacio bíblico, sus lujos inadecuados, sus invariables laberintos (sistemáticamente me perdía cuando la visitaba), su falta de contacto humano, todo a través de máquinas y citófonos. La fachada más ostentosa para convencernos de que allí dentro no le hacían daño.

Leí una investigación que asegura que si hoy están sentadas a la mesa seis mujeres, al menos dos de ellas ya tuvieron cáncer o lo tendrán. El lenguaje es devastador: «Se hizo un cáncer». Más encima culpan a las enfermas por su propia enfermedad.

La Margarita estuvo más de veinte años sometida al sistema médico, ese poder indiscutible en cuyas manos reposa el vivir o no vivir, entregándoles a los médicos el derecho a la palabra, por lo tanto, a las decisiones. No la recuerdo cuestionando y me pregunto si los de su entorno le dimos esa oportunidad. (Solo una vez, su hija Atienza, desesperada con la estupidez e inhabilidad del doctor que la veía, exigió cambio de clínica y de equipo, y ella estuvo de acuerdo). Quizás la vía del protocolo clínico pareció siempre la más evidente. Nunca lo leímos como un relato parcial que podía ser sometido a crítica. Sin embargo, me informo sobre esta discusión hoy: los efectos de la extracción de los ganglios axilares (entiendo que ya no se extraen más). El tiempo ha demostrado que se producen justamente los problemas que ella enfrentó. Por cierto, no fue adverti-da por ningún médico. Se sometió —nos sometimos— automáticamente a *la autoridad.*

Huestes de enfermos inocentes luchando como verdaderos partisanos, sometidos a la credibilidad de la que goza la práctica clínica. Qué enorme tiranía la obligación de no morir. Sus pobres cuerpos protestan pero sin ninguna ilusión de insubordinarse. ¿Qué ca-pacidad —o libertad— existe en ellos para hacer una impugnación al imperio feroz de los médicos? Bajarlos del pedestal, ese sería un primer paso. Que al reconocer sus éxitos se recuerden también sus fracasos, que son muchos. Cuestionarlos. Sin obediencia ciega.

La enfermedad se compone de la víctima y del sobera-no. Del no-poder al poder absoluto.

Más tarde me he hecho preguntas. Por ejemplo: cómo puede ser que toda la investigación para *la lucha contra el cáncer* esté financiada —en forma directa o a través de universidades u otras instituciones— por los labora-torios que producen las drogas para los tratamientos y cuyos beneficios económicos (gigantescos, por cierto) dependen de que las personas sigan enfermándose. Es decir, su existencia pasa porque el cáncer no se cure. Una terapia efectiva los haría quebrar. No olvido que la

industria farmacéutica es la tercera hermana de las in-
dustrias del horror, junto a los armamentos y la droga.
El cáncer es un curtido asesino a sueldo. Bien lo dice
Philippe Claudel.

61

Desde la expresión «se hizo un cáncer» para adelante, es monstruoso que culpen al enfermo de su enfermedad. El lenguaje diseña y articula el pensamiento. Agradezco a todas mis diosas amigas el hecho de que la Margarita nunca mirase al cáncer con culpa o responsabilidad propia, como la medicina ha pretendido que se viva. No, ella lo advirtió como a una sombra intrusa que se abalanzaba sobre su organismo, una sombra incierta que siempre la tomó desprevenida, a pesar de su reiteración, a pesar de su cuerpo marcado. Ante su llegada, ella genuinamente se preguntaba ¿por qué?, ¿por qué yo? (ese *yo* encarcelado que fustiga y condena).

Jamás se hizo cargo de la culpa. Ante ese apetito insaciable, ella no sucumbió.

62

La Margarita y su hija Atienza conocieron —por razones ajenas a esta historia— a un médico cuya especialidad era recuperar manos perdidas. (Seguro que él lo nombra de otro modo). Conversaron extensamente y en ese momento el médico pensó, con toda honestidad, que podría recuperar esa famosa mano, aquella pesadilla que colgaba del brazo aún más pesadillesco. (Más tarde comprobarían que era imposible, pero ese es otro cuento).

Cuando, luego de hablar con él, se quedaron las dos solas, la Atienza, muy entusiasmada, le dice a su madre: ¡Imagínate, mamá, que volvieras a hacer cosas con las manos! Sí, le contestó la Margarita, imagínate volver a aplaudir.

63

La Margarita era una gran viajera. Su disposición para subirse a todos los aviones era absoluta, sin importar distancias ni cantidad de conexiones. La incomodidad nunca la restó de su fascinación por respirar otros aires. En 2015 quiso llevar a toda su familia nuclear de viaje, para estar juntos, para paliar las penas. El anhelo era el calor. Eligieron Cuba. Un día, en Varadero, contrataron un paseo matinal para hacer *snorkeling* en una bahía cuyo fondo de mar se componía solo de coral.

«Nos avisaron que teníamos una hora para hacer el recorrido y que nunca podríamos pisar el suelo por el peligro de los corales», me contó a la vuelta. «Los niños fueron entrando al mar desde unas rocas; cuando entré yo me di cuenta por primera vez de que no podía nadar con una sola mano, que perdía el equilibrio y que necesitaba, por lo tanto, tocar fondo de vez en cuando». Calló unos instantes y luego agregó, con otra voz y otros ojos: «Fue una constatación dolorosa, me sentí tan impotente». Mientras se sacaba el tubo de la boca para explicarle a los guías, comprendió que no necesitaba explicar nada, que bastaba con decirles que no iría con el resto, que se quedaría en la orilla. «Me subieron por ese difícil roquerío en calidad de persona discapacitada», comentó con horror. (Ella no se veía a sí misma como aquello, más bien se iba a lo opuesto y lo negaba). La instalaron sobre las rocas mientras sus hijos buceaban. Se prohibió el pensamiento, decidió que el horizonte bien podría valer una hora de contemplación. Y luego se consoló con Rigoberto, un negro grande que se instaló a su lado y le regaló la mitad de su sándwich de atún con cebolla, el sándwich más rico que he comido en mucho tiempo, declaró.

Aun así, insistió y un año más tarde hizo su último viaje. Esta vez fue a Colombia, a Cartagena de Indias, también con sus hijos y nietos, invitados por ella. Estaba orgullosa de haber logrado costearlo por sí misma. Septiembre de 2016. En la memoria un recuerdo fijo: a fines de julio de ese año celebrábamos las cinco hermanas mi cumpleaños almorzando en la espléndida oficina de la Vicerrectoría de Investigaciones de la UC, donde la Sol ejercía de vicerrectora. En algún momento, casi jugando, cada una contó lo más sustancial que guardaba en ese momento en el ánimo. Y la Margarita habló del viaje que preparaba a Cartagena. Me llamó mucho la atención que fuera tan significativo para ella. ¿Un viaje más? Le cambió el tono de la voz, sus ojos lucharon entre la esperanza y un gran desasosiego, y notamos un dejo de trascendencia que no parecía corresponder al momento. Organizaba su último viaje y ella lo sabía, nosotras no.

Pero era negadora. Ignoraba las cosas que no le gustaban aunque estuvieran a plena vista. A veces yo discutía y la enfrentaba por su falta de participación en problemas familiares, por ejemplo, pero no llegaba a puerto. Obvió largamente la posibilidad de su muerte. Tanto así que nunca me atreví a hablarle del tema, de lo cual me arrepiento hoy. Una vez, solo una, le pregunté si le daba mucho miedo morirse. No, no me da miedo, me contestó rápida, me da lata.

Como ya estaba muy débil para vuelos largos (la presión de estos afectaba mucho al brazo izquierdo), decidimos hacer un viaje todas juntas pero dentro del país, al norte, al desierto florido. Elegimos la fecha de septiembre de 2017, para verlo en su absoluto esplendor. La Margarita se entusiasmó muchísimo, insistía en la idea de viajar. Yo recién aterrizaba desde África, y en circunstancias normales me habría restado porque a mí, a diferencia de ella, los viajes me dejan agotada. Pero no lo dudé, sabía que ya no quedaba mucho tiempo. Ella venía saliendo de la clínica, hospitalizada por una neumonía, y se le veía frágil. (Me había pedido que le trajera una túnica africana; cuando se la fui a dejar, recién llegada, guardaba cama. No alcanzó a usarla). Se organizó el viaje con todo detalle para que le fuera lo más llevadero posible. Tratándose de otra persona, se habría anulado de inmediato, las circunstancias definitivamente lo hacían imposible. Pero como la Margarita insistía, con su ánimo nos convenció. Dos días antes de tomar el avión a La Serena, un domingo por la tarde, coordinamos una especie de expedición a su casa con el objetivo de comprobar la factibilidad de esta empresa. Bastó un par de minutos frente a su cama para entender que no era posible. Hasta ella, negadora y todo, lo reconoció. No se levantó más de la cama. A los dos meses estaba muerta.

Así es como nunca llegamos al desierto florido.

64

Me corrijo: se volvió a levantar de la cama. Fue el día
de las elecciones, 19 de noviembre de 2017, nueve días
antes de morir. Estaba fuera de cuestión que ella votara.
Es una tradición familiar, se vota pase lo que pase. Mi
abuela, vieja y enferma y acarreando un par de muletas,
esperaba en la vereda a alguno de sus hijos cada día de
elecciones para ser llevada a las urnas, nada le gustaba
más. Mi madre igual. J., el más santo de sus yernos,
la pasaba a buscar y votaba a su lado, sujetándola. La
Margarita, sin ser menos, obligó a su ahijado a que la
trasladara ese día. Y eso que ella era la menos politiza-
da de nosotras cinco. Se vistió con esmero, la última
vez que se vestiría. Hubo que hacer el trámite necesario
para conseguir la silla de ruedas y permitir aquello de
«votar acompañada». Al menos se saltó la fila. Y procla-
mó a todos que había votado por Carolina Goic para
presidente y por Giorgio Jackson para diputado. No
pudo votar en segunda vuelta; ya había partido.

65

No me perdonó haber viajado a la Patagonia. Le enojó mucho que la abandonara. Le expliqué que estábamos en campaña, que yo seguía —a pesar de todo— siendo la eterna militante. No seas egoísta, le dije, estás calentita en tu cama, acompañada a toda hora, qué te importa que me vaya por unos días. Pero cuando volví seguía enojada. Me lo sacó en cara varias veces. Y yo continué dándole explicaciones en vez de mandarla a la mierda. Sin embargo, el último whatsapp que recibí de ella fue brindando por el triunfo de mi candidato.

66

De hecho, la persona en duelo está enferma, declara Melanie Klein, pero como es un estado mental tan común (sí, la gente se muere, hay deudos por todas partes) ya no se le denomina enfermedad. Porque es transitorio. Y porque se supera.

Sin embargo, hay algo que me lleva a dudar de esta última observación: la música. Ya relaté con anterioridad la forma en que debí eliminar de mis días a Brahms, a él y a muchos otros, por simple y llana vulnerabilidad. Pero la música es insobornable. Estaba yo en la mesa del comedor pegando unos papeles, escuchando canciones inocentes que venían de mi iPod, casi sin oírlas. Y de repente irrumpió la voz de Frankie Avalon: *In the southern part of Texas, in the town of San Antone, there's a fortress all in ruins, that the weeds have overgrown...*

Habíamos visto la película *El álamo* y tanto nos gustó que logramos que nos compraran el disco 45 en que Avalon, además de actuar, cantaba el tema del film. La aprendimos de memoria y la cantábamos a todo pulmón junto con el disco. Con ella comenzaba el ritual del viaje cada verano: nos subíamos las cinco a una camioneta Volvo de mi madre, ella y mi padre en los asientos delanteros y todas nosotras atrás, la última directamente en el maletero, rumbo al sur, a la provincia de Ñuble. Hoy ese viaje se hace en cinco horas, entonces eran casi diez. Llevábamos picnic y hacíamos pipí en la berma, no existían las gasolineras con baños y cocacolas. En esa lata de sardinas en que se convertía la Volvo yo me mareaba en cada viaje y vomitaba, por lo cual debían cederme el lado de la ventana para no entorpecer y que se ensuciara todo. Y la Margarita reclamaba. Todas querían las ventanas, por supuesto. Entonces, durante uno de los tantos viajes, anunció que ella también se mareaba, que no podía ir sentada al medio de todas, que le cambiaran el asiento. Nadie le creyó, a ella nunca le pasaba nada, era de fierro. Terminó pegándome patadas por debajo, donde nadie veía y yo, incólume, miraba a través del vidrio el paisaje desde mi lugar privilegiado. A la altura más o menos de Rancagua empezaba el canto y no nos deteníamos hasta Chillán. Nos gustaba empezar con Frankie Avalon, porque la canción era larga, la letra difícil y en inglés y nos lucíamos frente a nuestros padres. Ineludiblemente sacábamos a relucir todo el repertorio de los cantos del colegio y terminábamos, exhaustas, con Leo Dan o la Fresia Soto. Cada verano, cada viaje.

Insisto, yo pegaba papeles en la mesa del comedor, bajada la guardia, ignorante de cualquier pensamiento ajeno al color o al volumen del trabajo que hacía, cuando de golpe y porrazo comienza *In the southern part of Texas...* y me sientan a la Margarita en la mesa, me revuelve los papeles, me quita las tijeras y se ríe. Es probable que me pida que abandone los collages y que vayamos afuera a jugar.

La música. Como diría Mishima, no cesa nunca.

67

¿Qué fue la dictadura sino un largo eterno duelo?

Desde el Atlántico atravesó la cordillera, treinta años más
tarde, la horripilante consigna: VIVA LA MUERTE.
    Y murió la democracia
    VIVA LA MUERTE
    Y murieron los que la defendieron
    VIVA LA MUERTE
    Y murieron las instituciones
    VIVA LA MUERTE
    Y murió la libertad
    VIVA LA MUERTE
    Y murió la inteligencia
    VIVA LA MUERTE
    Y pagaron los más pobres. Como siempre
    Y pagué yo
    Y pagamos cada uno de ese «nosotros» de entonces
    Todos en un duelo infinito que nos sobrevivirá

68

Me quedo con Faulkner cuando dice que el pasado jamás ha muerto. Que ni siquiera es pasado.

69

Cuando debí elegir una carrera universitaria no opté por Literatura, a pesar de las novelas infantiles y juveniles que guardaba en el baúl, convencida hasta hoy de que ella no se estudia, que la única escuela posible es la lectura. Mi cerebro parecía partido por la mitad, como una manzana que aún no madura, un poco verde, un poco roja, paseándose entre las formas y las palabras. Supongo que para ser original dentro de mi familia, opté por la Escuela de Arte de la Universidad Católica. Fui una pésima alumna, pero eso es harina de otro costal. Pensé ser una artista plástica y tomé grabado como especialidad. Cuando volví a Chile después del exilio me encontré en medio de un mundo artístico al que más tarde llamarían la Vanguardia del 80 o Escena de Avanzada. Trabajé y conviví con los grandes de entonces y como resultado salí escapando. Recuerdo con nitidez momentos posteriores a alguna reunión o inauguración, llegando a mi casa de El Arrayán exhausta, sintiendo que estaba de prestado en medio de tanto concepto y estructura, tanta pedantería y filósofos franceses, y teniendo la certeza de que lo único que me salvaba era la lectura. Solo sumida en los libros quedaba en paz.

Una vez escribiendo y publicando no miré más hacia atrás, las artes visuales habían quedado en el pasado y eso me acomodaba. Solo me sorprendía la lealtad a toda prueba de mi placer por la pintura, el dibujo, el grabado, toda forma posible de arte. Lo único que me iguala en el extranjero a esos grupos de turistas que una odia es la visita a los museos y galerías, y soy capaz de hacer la cola eterna en el Moma para no perderme una retrospectiva de Matisse. Incluso llegué a inventar un viaje a Londres para ver a Paul Klee en la Tate. Eso, pensaba yo, permanecía como lo único genuino, intocable, después de mis intentos en ese campo.

Cuando terminé de escribir *La Novena*, mi última novela, estaba muy cansada. Me dije a mí misma que no escribiría nunca más (mis hermanas dicen que lo digo siempre al terminar un libro). Automáticamente, sin mucha conciencia, me fui a la librería de Peñaflor, la ciudad más cercana a Mallarauco, y compré cartulinas, tijeras y goma de pegar para volver a casa ese mismo día y hacer mi primer collage. Nunca había hecho un collage, nunca. Sin embargo, sentí que había nacido para eso. (En mi familia lo percibieron como una continuación de la infancia, donde mi actividad preferida fue siempre recortar y pegar).

Toda esta larga introducción —inútil quizás— es para explicar cómo en medio de los días más duros del duelo, fueron los collages los que me ayudaron a preservar a la Margarita, a fomentar mis encuentros con ella, a protegerla a ella y a mí misma. Recorté fotografías de prensa, fotocopié otras de la infancia y comencé a jugar con los espacios, con la composición y los colores. Al principio me resultó duro, eran sus ojos los que me miraban de vuelta mientras yo los pegaba en la cartulina, y esos ojos ya no eran. Recortaba su boca, que ya no tenía hambre ni sed. Con la fotografía, extrañamente, revives al ser perdido pero de inmediato lo vuelves a matar. A veces debía detenerme, llamar a mis perros y salir con ellos para tomar distancia.

Aparentemente, los collages no bastaron, de lo contrario no estaría escribiendo estas páginas. Pero sí concluí, y lo hice con vehemencia, que cualquier acto de creación, por humilde que sea, socorre, cauteriza. Ayuda a sobrevivir. Como coser un manto cuadro a cuadro, como Clara Sandoval.

70

Concentrada transcribiendo una entrevista que le hizo la Margarita a José Donoso tecleé mal la palabra OBS-CENO y en la pantalla apareció OBSENO. Miré bien esta acumulación de letras y me dio la impresión de algo muy errado, una cara de mujer a la que faltaban los dientes. Una pinche C puede variarlo todo y convertir una palabra digna en un engendro.

Volví a mirar y la impresión cambió: era una mujer sin un brazo.

Una vez más era la Margarita.

Se habló en algún momento de cortar su brazo izquierdo, ya del todo desnaturalizado. Se concluyó que no valía la pena, el dolor persistiría.

Sin brazo y con dolor.

Corrijo rápidamente y escribo OBSCENO.

71

Todos venimos de alguna parte. De un pedazo de tierra sujeta a algún lugar del mundo. Mis hermanas y yo nacimos en Santiago de Chile pero emergimos a la vida en el sur del país, en la provincia de Ñuble, en las riberas del río Itata. Son aquellas nuestras raíces, todo lo demás ha sido postizo o sobrepuesto un poco a la fuerza. Aquel era el pulmón de nuestra vitalidad. Y era tanto cuanto fluía que más adelante, al perderlo, nos quedamos paralizadas dentro de esos personajes. Perdidas. Con un asunto inacabado «...porque mi duro destino / él también pasó mi puerta» (Mistral).

Su nombre era Los Remolinos. Una amplísima franja de tierra y pasto, buena solo para criar vacuno. Ahí «mis mejillas / se llenan de tierra mojada» (Mistral). A medida que íbamos naciendo, todas en invierno, nos llevaban al empezar el verano siguiente, lo que significó que a los seis o siete meses —nunca más tarde— nuestras vidas se fundieran con ese territorio. Si fuera leal al recuerdo, tropiezo con pocas memorias infantiles de invierno, barrimos con él; la existencia entera de mi infancia y principios de la juventud fue veraniega, como si allí, solo allí, empezaran y terminaran los días. Claro, los veranos eran generosos, se podían extender hasta cuatro meses (la vida escolar, bastante más laxa que hoy en día). Ya más crecidas y menos vulnerables, pasábamos también las vacaciones de invierno, en un frío gélido y fructífero, y disfrutábamos de la primavera en septiembre. La casa patronal quedó en el fundo de al lado, en manos de mi tío, y mi padre adaptó una vieja casa de adobe para nosotros. No contaba con más de tres piezas (más adelante, cuando fuimos creciendo, hubo que ampliarla). Las cinco hermanas se dividían en dos grupos: las grandes y las chicas, así de simple. Las grandes eran la Nena y la Paula, las chicas, la Margarita, yo y la Sol (en orden de nacimiento). Las chicas compartíamos un dormitorio propio donde la Margarita buscaba las arañas cada noche y unas camas antiguas llenas de bronce y capitones donde saltábamos y actuábamos. No había electricidad. Atravesábamos la noche con algunos faroles (los mismos que he visto en varias películas del oeste) y las famosas lámparas Aladino que eran estilizadas y luminosas y había que vivir cuidándoles la mecha. Esas no llegaban al cuarto de «las chicas», ahí solo farol o vela. Un verano mi madre pretendió introducir unas lámparas de carburo para aumentar la visibilidad y casi nos intoxicamos todos. El agua se calentaba a leña, tampoco había gas. La carne, a falta de refrigerador, se lanzaba sujeta de una cuerda a la parte más fresca del enorme pozo de agua. El quesillo se hacía cada mañana y se dejaba instalado en una pequeña mesa en la puerta de la galería, lugar por donde circulábamos, para comer a toda hora del día. Si sobraba, de noche lo asaban con azúcar y lo servían de postre. La cocina era una construcción también de adobe separada de la casa por unos cincuenta pasos y cuando llovía nos mojábamos para acceder a ella. Era el lugar más hospitalario, como el tercer patio de la casa de la abuela. Allí fueron las únicas veces que vi a mi madre cocinando: hacía manjar blanco —nosotras siempre atentas a los raspados— y mermelada de moras arrancadas de las matas por nosotras con grandes canastos de mimbre al brazo. No había un solo lujo. Para refrescarnos íbamos al río. A veces, cuando se unía mi madre o mi abuela, en carreta tirada por bueyes con picnic y chales, otras, solas a caballo. Ahí aprendimos todas a nadar.

Libros había muchos. Al no tener ni radio (las pilas se nos agotaban rápido), la lectura pasó a ser nuestra gran entretención. Después del almuerzo, tendidas en las sillas de lona bajo el castaño, escuchábamos a nuestro padre leyéndonos en voz alta; no solo poesía, a veces también párrafos de prosa. Para complacer y sorprender a nuestra madre, nos entregaba a cada una un poema que más tarde debíamos recitarle a ella. Un día mi padre eligió para la Margarita unos versos de Juana de Ibarbourou y cuando le correspondió declamarlo frente a la familia, «Tómame ahora que aún es temprano / que llevo dardos frescos en la mano…», la

143

cara de mi madre empezó a crisparse. Ante la absoluta inocencia de su hija, convencida de estar cumpliendo bien su empeño, mi madre le espetó que no era adecuado para su edad. A partir de entonces comenzó a supervisar las páginas que se nos entregaban.

A veces mi abuela participaba leyéndonos textos en francés. No entendíamos absolutamente nada pero no parecía importar. La única interrupción eran los ataques de risa de la Margarita, suprimidos con dificultad. Una vez nos leyó una novela en español llamada *Beau Geste* y caímos todas rendidas ante su lectura, enamoradas de la Legión Extranjera y de los entierros vikingos en el mar.

Hasta las portadas de los libros hicieron lo suyo. Encuadernados a la antigua, tapas duras forradas en tela, imaginábamos que eran personas y los nombrábamos, cada uno con su nombre y apellido. Ellos constituían familias, uno de nuestros juegos favoritos. Recuerdo un ejemplar de Aldous Huxley, magníficamente azul y grande con letras doradas, al que yo siempre daba categoría de patriarca indiscutido. (Sesenta años más tarde, en mi escritorio de la casa de campo, veo frente a mí los dos mismos estantes de madera negra que contenían los libros de mi padre en Los Remolinos; ahora contienen los míos).

Me gustaba dibujar en esas épocas y hacía historietas, las que depositaba bajo la almohada de mis compañeras de pieza con un «continuará» al final que religiosamente se concretaba al día siguiente.

Vivíamos sucias. Ropa, cara, manos, piernas. Las bocas azules manchadas de maqui. Los perpetuos rasguños de la zarzamora. Siempre con arañazos, heridas y costras, como unas salvajes. Yo dormía con los perros, el Niño y el Batalla. Donde iban ellos partía yo. Un día me perdí, todos me buscaban a la hora de la siesta. Me encontraron más tarde durmiendo con el Batalla debajo de la camioneta de mi madre. Era tal mi identificación con ellos que escribí una carta a mi padre, a Japón, diciéndole textualmente: creo que soy un perro.

El mismo año que escribí esa carta, me ausenté por unos días de los juegos comunes por tener una misión secreta e impostergable: el bautizo del Batalla. La Margarita, entre curiosa y enojada por mi deserción, se fue a jugar con las grandes. Como era un hecho de solemnidad, ansiaba tener todo preparado para invitar a la Margarita y a la Sol a la ceremonia. Durante días me concentré en enseñarle al Batalla el Padre Nuestro y aunque no daba mayores muestras de entusiasmo, estaba convencida de que el día asignado respondería. Llevé una fuente y un jarro de agua a la pequeña loma cerca de la pesebrera y añadí unas galletas robadas de la despensa para el festejo, eran de color vainilla y muy secas. El problema radicó en que, una vez instaladas mis invitadas, el Batalla no emitió palabra. Ya, puh, Batalla, reza… Padre nuestro que estás en los cielos… Nada. Lo empecé a presionar y de a poco fui enojándome. Mis hermanas me miraban incrédulas. Cuando estaba a punto de pegarle (aunque dicen las testigos que sí le pegué), la Margarita sacó una voz de superioridad y adultez que no combinaba con su persona y me dijo: Marcela, es un perro.

Cada una era dueña de un par de caballos y estos se amarraban en la reja del alto, ensillados a toda hora. La más mañosa y obtusa era la Paloma, la yegua blanca y el amor de la Margarita. Salíamos cuando queríamos, sin necesidad de aviso ni consulta. Y recorríamos esos enormes potreros que también habían sido bautizados, el Manzano, Las Huertas, La Loma, El Aromo, Las Tizas. A veces nuestro padre —el Taita, lo llamábamos— nos ofrecía a alguna el anca de su caballo para ir con él a inspeccionar esos potreros. Con una pistola amarrada al cinto aunque no recuerdo que jamás la haya usado. Lo que sí mantengo nítido como un recorte es el día en que me enseñó a disparar. Cuánto dolían los tímpanos. Ese tipo de acciones las realizábamos lejos de mi madre, en la «casa de ladrillos». Esta era la verdadera residencia de mi padre, una gran habitación con baño y ducha al aire libre —un loft, diríamos en el lenguaje actual— construida sobre una pequeña loma, invisible desde lejos por los árboles que la rodeaban, y que él ocupaba como oficina y paradero en el invierno cuando debía ir solo al campo, para no abrir ni calentar la casa grande. (Me detengo un momento en el nombre: la casa de ladrillos; se llamaba así porque era la única construcción en ese lugar y sus alrededores no hecha de adobe, por eso resaltaba el que su material fueran ladrillos, en una tierra con tanto terremoto). Allí estudiaba yo para mis exámenes de marzo, es decir, las materias que no había aprobado durante el año y que se rendían al empezar la temporada escolar tras estudiar todo el verano. Sistemáticamente yo fallaba en Matemáticas, ante la exasperación de mis padres, que me bajaban del caballo para que me fuera a repasar. Mis hermanas aprobaron siempre todas las asignaturas, y a la Margarita, ajena a estos pendientes, le gustaba instalarse bajo el enorme boldo donde trepaba yo con mis cuadernos y esperaba que terminara mi hora de estudios. A veces lo hacía por piedad, otras para sacarme pica.

Siempre había silencio.

Y también había soledad. Fuera de un par de casas de campesinos, nadie habitaba esas miles de hectáreas. La vida social quedaba excluida por razones de fuerza mayor. Así, aprendimos a autoabastecernos desde la primera infancia, el momento único donde hunde sus raíces el gusto por la soledad.

Y siempre también el olor a pino fresco.

Mirando esa cotidianidad desde el día de hoy, pienso que al Chile de entonces la violencia física diaria no lo afectaba. Y admiro la desaprensión de nuestros padres que nos brindaban esa libertad sin ninguna restricción. A nadie se le ocurría que algo malo podía suceder. Y cuando la caída del caballo resultaba más brusca de lo usual, nos llevaban donde una vieja curandera, la Carmela, y listo.

Los más graves acontecimientos eran las peleas entre nosotras. Más tarde leí en los manuales cuán sanas son sus implicaciones: los hermanos que de verdad se quieren, pelean. Punto. Las uñas de la Margarita eran el arma más feroz de todas. Parecía una pantera cuando las sacaba a relucir. Todas tenemos marcas —trofeos de guerra— de sus rasguños.

Para vengarnos, un día la Paula y yo decidimos emborrachar a la Margarita. No sé por qué razón entró la Sol en el cuadro y las emborrachamos a las dos. No teníamos más de nueve o diez años. Revisamos todos los alcoholes, en una casa donde se tomaba muy poco cualquiera servía, desde un whisky de mi padre hasta unos bajativos de frutas llenos de aguardiente, como el enguindado que le gustaba a mi madre. Hicimos un cóctel con todo eso y convencimos a nuestras hermanas de que si lo tomaban verían a Jesús. El resultado fue uno de los peores desastres de la infancia: casi se nos mueren. No soy capaz de analizar, ni siquiera hoy, cómo el efecto pudo haber sido tan potente, tan devastador, cómo aquella intoxicación tan nociva. Antes del desenlace, la Margarita se acercó a mi madre, que tejía un chaleco para alguna de nosotras en la galería, bamboleando las piernas, cabeceando con la mirada ida, y le contó que estaba viendo a Jesús. Mi madre, acostumbrada a sus bromas e histrionismo, la despachó casi sin mirarla y le respondió que no hiciera teatro, que se fuera a acostar. Pero cuando oscurecía llegó la Anita desde la cocina: Señora, a las niñitas les pasa algo, están raras. Comenzó el ajetreo. Esa noche, ambas hermanas tendidas seminconscientes en una cama, parecían al borde de sucumbir, como dos calas lacias cuando pasa su temporada. Se acudió a los campesinos, cada uno aportando algún remedio casero de aquellos que han funcionado por siglos en los campos. Me acuerdo de la señora Virginia, que preparaba una especie de sahumerio con las hierbas hervidas mientras en un rincón oscuro se rezaba el rosario. La Paula y yo escondidas detrás de una puerta de la galería, aterradas, mirábamos apenas a través de los vidrios lo que pasaba en la habitación contigua, la severidad en la expresión de mi madre, el miedo de los campesinos por las consecuencias de este juego y los ojos cerrados de nuestras hermanas que anhelaban ver a Jesús.

72

No es mi objetivo centrarme aquí en la Reforma Agraria, de la cual soy partidaria, ni analizar las tomas de fundos a principios de los setenta. Para entonces yo ya militaba en un partido de izquierda y creía en la consigna de «La tierra es para el que la trabaja», fuera mía o del vecino.

Se terminaron Los Remolinos.

Comenzó una turbia noche interior.

En aquel momento mi padre vivía una temporada en la India y optó por el misticismo para lidiar con ello. Mi madre y nosotras tuvimos que ir a desalojar la casa para entregársela formalmente a la CORA. Fuimos estoicas, no tengo otra forma de describirlo.

«No lloren mucho», nos dijo el funcionario de la CORA, un militante con mocasines de cuero que no había puesto en su vida un pie en el campo. ¿Creería él que íbamos a hacer una escena? Claro, desconocía nuestra afinidad con los tres patios, por lo tanto, nuestra capacidad de autocontrol. Un enorme pudor nos inundaba, incubado dentro de una cierta solemnidad republicana que mi madre confirmó. Ella, parada frente a la mesa del comedor, rodeada de los trabajadores y funcionarios, tomó la palabra. «Espero que esto sea mejor para Chile».

Sacamos nuestras cosas y nos despedimos de la gente. No alcanzaban nuestros brazos, abriéndolos enteros no cabía allí el adiós. Esa noche —ya sin casa— nos fuimos a alojar al Salto del Laja, el hotel más cercano. Creo que nunca habíamos dormido en un hotel y dentro de nuestra austeridad, este resultaba elegante. Una sola cocacola por persona, nos advirtieron. Ya tarde en la noche me tendí en la cama y solo entonces, ni un minuto antes, estalló el llanto. Lloré como nunca lo había hecho. Sentía como si físicamente me taladraran el corazón. Supe que a partir de entonces entraba en un duelo eterno, sin reparo posible. Todas lo supimos. Era el fin de las vagabundas libres, el fin de la pertenencia. Las raíces hechas tira. Al cerrar los ojos esa noche, lo hice como una exiliada. Era el dolor por la tierra perdida. Como la Violeta, una exiliada del sur.

73

Estoy metida en la noche
de estas raíces amargas

(…)
No sé quién las haya herido
que al tocarlas doy con llagas.

(…)
Paso entre ellas y mis mejillas
se llenan de tierra mojada.

(Gabriela, como siempre)

74

Región de Ñuble comienza hoy como una de las más pobres y con mayor ruralidad del país
La ex provincia debutará con 21 comunas en 13.113 km2, más mujeres que hombres, menos colegios por habitantes y con más de la mitad de las viviendas en los estratos bajos.
El Mercurio, 6/09/18

Recién inaugurada, es la decimosexta región del país. La más nueva. La más pequeña. La segunda más pobre. Hay una sucursal de banco por cada 17.165 habitantes. Son 21 comunas repartidas en tres provincias.

Esa fue mi lonja de tierra.

75

La Margarita se destacaba por su valentía, sin duda una de sus primeras características. Desde domar a un potro hasta soportar el cáncer. Sin embargo, pienso en nuestro primer duelo —la pérdida de Los Remolinos— y temo que ello la haya domesticado. Un final muy brusco; de la noche a la mañana Los Remolinos dejó de ser (no como ella, que partió poco a poco, entre orilla y orilla nos permitió conocer al barquero que la cruzaría). La agonía beneficia porque la idea del fin comienza a interiorizarse previo al golpe final, como una bala lenta, lenta, que volara desde lejos antes de atravesar el corazón. Sin premura va habilitando al cerebro para lo que se avecina. (Una cree que se va haciendo a la idea, pero no.)

La pérdida de Los Remolinos actuó como un *trigger point*: una señal, un punto, un nudo. La vida se dividió entre el antes y el después. Como dirían en México, un nítido parteaguas.

Concuerdo con Freud en que la vida civilizada se basa en la represión de las pulsiones pero no por ello dejan de vivir ocultas, listas para aparecer si se dan las circunstancias. Cuando surgen, el hombre puede verse «en su desnudez original». Así lográbamos percibirnos en Los Remolinos, por eso resultó tan fundacional. Sabíamos que algún día, más adelante, nos atraparían las imposiciones y los hábitos de contención: ellos nos fijarían las máscaras adecuadas.

En ese después, la Margarita se recibió como periodista, se casó, tuvo hijos, vivió fuera del país, creció. Como todas. Pero perdió ese talante salvaje, perdió las garras de pantera. Sin aquella vida milagrosa del campo, su cuerpo se llenó de ornamentos. Quizás a cuántos personajes jugamos a ser cada una durante nuestra existencia. Quizás nunca se domesticó y solo cumplió ese papel como el que cumplo yo escribiendo a pesar de los tirones en el cuello.

76

Quizás la M. pensó, como la poeta Elvira Hernández, que «el día se destripa encima / y hay que ponerle el hombro para cargarlo». Y su carga no fue liviana.

Me recorre la idea de la domesticación.

Nos gustaban bastante los hombres cuando éramos jóvenes, a ambas, nuestros carnets de baile solían estar llenos y lo disfrutábamos. Pero cuando dejamos de ser adolescentes, la Margarita conservó una cierta convencionalidad que yo deseché, y esto la enojaba. Le avergonzaba que yo lo hiciera explícito. Pretendía darme sermones que yo despachaba. Es que era una injusticia: a ella le gustaban tanto como a mí.

Como si su valentía hubiese permanecido en la tierra seca del sur y la hubiese sustituido por la seducción. De campesina con las rodillas sucias a heroína romántica. Pienso en su infinita capacidad de hechizo, en cómo todos sus enamorados la quisieron para siempre. El día de su entierro uno de ellos mandaba whatsapps desde una perdida isla del Mediterráneo para averiguar qué música se había elegido.

Hoy, desde esta nueva forma de vivir que es el duelo, miro para atrás y me dan ganas de decirle, oye,

Manga, a fin de cuentas, los hombres no fueron lo más importante de la vida, ya llegamos a la edad en que lo sabemos, no apostemos con esos dados.

La veo en la eterna pose, inclinada sobre el espejo, maquillándose las pestañas. (¡Margarita, apúrate, estamos todas en el auto listas para partir! No, espérenme, me estoy echando rimmel…). Cuánta energía habrá gastado en ello, las pestañas y los hombres. Con razón Héctor Soto tituló el artículo que escribió sobre ella a su muerte «La autoridad del encanto». Sus parejas siempre la quisieron para sí mismos, les sobraba la idea de su trabajo porque ella los acostumbró a la presencia perpetua, a la entretención que ella significaba. A la paciencia, al empeño. Sin embargo, a veces se agotaba de jugar ese papel. Siempre géminis.

Pienso en las geishas. O en alguna protagonista de novela decimonónica.

En este momento la M. me interrumpiría diciéndome: no seas injusta. De acuerdo. Entonces me explico: a pesar de que, como toda mujer con el corazón bien puesto, consideraba central el cambio a nivel social y cultural y apostaba intelectualmente por la paridad y los equilibrios de género al interior de una relación, en la práctica, ser o no subordinada a su pareja nunca le importó demasiado. Tampoco la afirmación de su autonomía ni tener la última palabra en asuntos que formalmente importan en materia de igualdad. En buenas cuentas, no se le iba la vida en subrayar sus propias visiones en cada episodio ni en confirmar un tratamiento igualitario respecto de ellas. Al revés del resto de las

157

mujeres normales, reclamaba poco. Quizás por eso se avenía bien con los hombres conservadores.

Faltando como seis meses para el final, comenzó a fantasear con la idea de volver a París. La Sol le seguía el juego y hacían planes, dónde alojarían, qué lugares visitarían. Para convencer a la Sol de que ella, a pesar de su condición de moribunda, resultaría una buena compañera de viaje, le dijo, muy seria y comprometida: Juro que no voy a ver a mis amores en París.

Margarita, dame la mano, zafémonos de tanto donaire y vamos juntas a montar un elefante como en Jaipur —¿te acuerdas?— o a encontrar la desnudez de Los Remolinos.

77

Los narcisos.

Los hombres, por supuesto, no las flores.

¡Qué cantidad de lujos se conceden a sí mismos!

En el año de los pechos desnudos y del empode-
ramiento de las mujeres. Lo que, lamentablemente, la
Margarita no alcanzó a atestiguar.

Pienso a cuántos hombres les rindió poco menos
que pleitesía. Me pregunto si valió la pena. Tras el fin
de su matrimonio, fueron varios los que desfilaron por
nuestro horizonte. Su encanto la forzaba a eludir juicios
o críticas. Narcisos sin igual, tienen nombre y apellido
(que tire la primera piedra la que está libre de ellos). No
era ninguna santa ni tenía por qué serlo. Operaba bajo
el antiguo régimen de la mujer seductora, permisiva de
los enormes egos, de esa capacidad tan masculina de
aprovecharse de los corazones de sus mujeres reservan-
do intactos los propios, amando por el reflejo que ella
les devuelve más que por su propia valía.

Hijos de puta.

¿Por qué tanto miedo a la soledad?

Recorro mentalmente las tantas y tantas mujeres
de nuestra generación que han permanecido al lado de

159

hombres que las aburren y fastidian, incluso las irritan, con tal de no quedarse solas. Alguien inventó, con perfecto cálculo, que la mujer sin marido equivalía a la lepra. ¿Tenemos que creerlo? Tropas de leprosas invadiendo pueblos y playas, arrasando con palabras, letras y sílabas de ayer. Amenazante imagen. Y ahí van las presas, las otras, abrumadas y exhaustas de alimentar la dependencia para justificar un rol que va extinguiéndose, un rol enteramente arropado por una misoginia de manual —el más antiguo crimen cultural de la humanidad—, abultadas sus manos con las cadenas que las sujetan, deformándose irremediablemente. Generación que ya no tiene remedio, se apega a los últimos vestigios de explotación y pasividad. Quisiera salir a la calle, llamar a todas aquellas compañeras de vida, invitarlas a una estampida general: dejen sus casas, abandonen a sus hombres, basta ya, desmantelen la tiranía doméstica, sean libres, tengan los años que tengan el mundo puede florecer, no se arrastren hacia la dirección opuesta del deseo, no vivan cansadas. Ni congeladas. No se equivoquen, chiquillas, los hombres creen mucho más en el statu quo que nosotras: el cambio es nuestro.

No quisiera ponerme cínica frente al amor. Por cierto, existe. Y aconsejaría a todos y a todas que lo vivieran en alguna ocasión. Ojalá sin sobrevalorarlo.

Caraco, el escritor más misógino de todos, concluye después de la muerte de su madre... debemos respeto a las mujeres, les debemos una infinita cortesía... las honraremos para evitarlas mejor, les ofreceremos incienso para rechazarlas mejor y las divinizaremos para mejor aplastarlas bajo su símbolo.

¿Miedo a vivir la soledad?

Elizabeth Bishop creía que toda persona debía experimentar la soledad al menos por un período largo en la vida.

Keats vio la soledad como el único conducto sublime a la verdad y la belleza.

Agnes Martin aseguraba que las mejores cosas de la vida le suceden al ser humano cuando está solo.

Delacroix exigía alimentarse a sí mismo con grandes y austeras ideas de belleza que nutrieran el alma y ello solo podía ocurrir en la soledad.

He aquí un duelo que vale la pena vivir.

78

Qué poco conoció la vanidad. ¿De cuántas personas puede eso decirse? Mientras más la evoco, más pleitesía le rindo por esta razón. Se saltó la arrogancia de las mayores de una familia y los mimos de las menores, incluso al borde de la muerte, momento para desbordarse y hacer las grandes peticiones. (De hecho, al narciso/a le encanta imaginarse su propio fin, cómo se llevará a cabo, quiénes lo llorarán, cuál será la puesta en escena de los ritos. Ella, nada).

Jamás imaginó que alguien escribiera un texto sobre ella. Ni en su más delirante fantasía. Y menos que todo, que lo escribiría yo. Ahora bien, esto no es una biografía de la Margarita, son solo los apuntes de un duelo, pero es ella quien lo ha convocado, ella protagoniza este duelo.

Sin embargo, ella no pretendió protagonizar nada. Llegaba tarde y no le importaba. Así como terminó siendo Beth en vez de Amy en *Mujercitas*, como aceptó que las fotografías para Charlton Heston fueran las mías y no las de ella, cuando elegimos los lugares donde haríamos nuestras casas en Mallarauco, ella fue la última en pronunciarse, cuando las otras teníamos todo claro y ya habíamos peleado por este lugar o aquel. Nunca reclamó ser primera en nada. Pecó, como diría la versión masculina, de falta de ambición (algo *culturalmente femenino*, muy arraigado entre nosotras). Y ante ello, sería la más sorprendida de todas por mi acto de trazarla, anotarla, extenderla, redactarla. Canetti me murmuraría al oído que no hay que silenciar ni las acciones más perversas de los muertos, a tal punto les interesa continuar viviendo de *cualquier* manera.

Me miraría con recelo. ¿Qué vas a decir?, habría preguntado, temerosa. Alguna vez se quejó de que yo desconfiaba de su inteligencia, confundiendo aquello con los amplios contrastes que teníamos en muchos campos. Me pregunto si no tuvo claridad sobre el lugar que ocupaba entre nosotras cinco. Cómo no sospechó cuán vacío permanecería el trono: el de la risa, el de la gracia, el de la capacidad de encantar y de crear en torno a ella un bullicio alegre y contagioso cambiando así el ánimo de su entorno. También el de transformarse en una dictadora a la hora de tomar decisiones drásticas. Y de actuar como un oráculo aterrador en su profundidad —la que guardaba para ciertas ocasiones—: con una frase no solo nos silenciaba sino que nos dejaba meditando días y días.

«Se abrazan /... como las piedras y las hermanas», dice la Mistral.

79

Hacia finales de los noventa, unos seis o siete años después del primer cáncer de la M., publiqué en México la novela *El albergue de las mujeres tristes*. La protagonista, Floreana, forma parte de cuatro hermanas y la menor, llamada Dulce, muere de cáncer. En mi viaje a Chile a presentar la novela (entonces las presentaba, con show y todo) me reuní, por supuesto, con mis hermanas. Una tarde conversábamos con la Margarita en casa de mi madre y de repente, sin vacilación ni reflexión, me lo espetó: ¿Por qué me mataste?

80

Luego de estos meses, por fin, he logrado retomar la lectura.

Como diría Freud, el ego se vuelve libre. Una libertad relativa, a mi parecer, pero al menos escucho sus pasos fantasmas por la escalera. Si esto fuera un diario, anotaría en estos días que al duelo no se le vence: es sencillamente una nueva forma de vivir.

Job. Prefiero la novela de Joseph Roth a la versión de la Biblia. Sus pérdidas infinitas. Su paciencia. Lo aceptó todo (tan poco moderno como personaje), resistió una calamidad tras otra. «Hubo en tierra de Uz un varón llamado Job; y era este hombre perfecto y recto, temeroso de Dios y apartado del mal».

Pues aun así fue elegido. Para derramar sobre su cabeza los pesares y todos los dolores insoportables de esta tierra. El Dios de la antigüedad era malo y arbitrario. Le sugirió a Satanás que lo abordara. «¿No le has cercado alrededor a él y a su casa y a todo lo que tiene?».

Si Job hubiese sido adicto a la escritura, en la palabra habría encontrado cierta redención.

81

El peumo de Mallarauco situado en el jardín de la que fue la casa de mi madre es a mis ojos lo único incólume, es mi catedral. Su volumen y su antigüedad aplastantes se mantienen desde mi infancia. Nada lo altera. Bajo sus ramas celebramos la llegada de las cenizas de la Margarita al valle. Y desde entonces, cada vez que me acerco a él o me siento bajo su sombra, me pregunto por su decisión de cremarse. No supe cuándo lo resolvió, ni siquiera lo oí de sus labios. Quisiera haber echado sus cenizas en esa hendidura del tronco, transformar el vaciado en un nicho. A ella también le gustaba mucho el peumo.

Estábamos en Katmandú. En la ribera derecha del Bagmati preparaban un gran fuego mientras a la izquierda jugaban niños y mujeres lavaban ropa en la más absoluta normalidad. Entonces vimos una pequeña procesión avanzar hacia el río. Sigámosla, me dijo la Margarita. La presidía un grupo de hombres sosteniendo por cada lado una ligera lona blanca a manera de camilla. El cadáver iba cubierto por trapos también blancos. Cruzaron el río y se dirigieron a la hoguera. Con toda sencillez instalaron la camilla allí, sobre el fuego, sin más ceremonia ni artificio. Nosotras no podíamos quitar los ojos de ese envoltorio albo, ninguna había visto nunca un cuerpo quemarse. A poco andar, nuestros acompañantes se retiraron de la escena —por encontrarla insoportable— y nosotras dos permanecimos. Entonces empezó el olor… ese olor… era dulce y nauseabundo a la vez, hablaba de carne arrebatada. De entrañas que estallaban. De carbón de hueso. Cada instante más potente el olor. Dulzón y terriblemente agrio a la vez, aunque estuviésemos tan cerca parecía remoto. Impetuoso, sin embargo lejano. Empezó a introducirse por nuestras narices y apenas lo soportábamos.

Vámonos, Manga. Antes de empezar a vomitar.

«Belleza de las cenizas, como resto sacro del mundo. Como si las cenizas permitieran intuir cada forma destruida» (Elias Canetti).

82

Participando de un acto en el Museo de la Memoria, entre enormes aglomeraciones, alguien me entregó un volante. Lo tomé distraídamente, lo metí a la cartera y no lo leí hasta llegar a mi casa.

ALONSO LAZO ROJAS Militante del MIR, 24 años, estudiante de Pedagogía en Castellano, U de Chile, La Serena. Fue detenido el 14 de noviembre de 1975, por funcionarios del Servicio de Inteligencia Militar (SIM), en su domicilio en Copiapó. El 31 de diciembre de 1975, la madre de Alonso Lazo, señora Ercira Rojas, presentó un recurso de amparo por su hijo en la Corte de Apelaciones de Santiago, durante la tramitación de éste, el entonces Ministro del Interior informó a la Corte que Alonso Lazo Rojas había sido arrestado el 9 de diciembre de 1975 y llevado a Cuatro Álamos, para ser trasladado a Tres Álamos el 18 de diciembre del mismo año. Hasta hoy, permanece desaparecido.

No conozco a la Señora Ercira, tampoco en su tiempo a Alonso Lazo. No tuve relación con el MIR ni con

Copiapó. Sin embargo quisiera abrazarlos inmensamente. Daría lo que fuera para que se encontrase su cuerpo. Y hay personas que lo saben, conocen el paradero y callan. Pienso en el pecado. Cuando estudiaba religión un sacerdote inteligente me enseñó que se peca solo cuando existe la intención de pecar. Es muy probable que los asesinos de Alonso Lazo anden impunes por la vida, convencidos de la legitimidad de su acción, ¿por qué no matar si es el enemigo? Los agentes del Estado que no han pagado son muchos, pueden estar tomando un café aquí en la calle Mosqueto, es posible que en el metro vayan sentados a mi lado. Y yo quiero ese cuerpo. Porque no se puede hacer duelo sin el cuerpo presente. No devolverlo es un acto de infinita maldad.

Desde que escribo estas páginas, cada vez que veo un cartel con un rostro preguntando «¿Dónde están?» suspendo mi horror político y humanitario del pensamiento para quedarme fija en un tema: los cuerpos. Tras cada cartel habita un excepcional dolor, enorme y distinto, sumado al de la pérdida del ser querido. El espanto se anida doblemente. Si me hubiesen quitado el cuerpo de la Margarita me habría vuelto loca, habría pataleado, aullado, me habría transformado en la loba carnicera a la que tanto temo.

Pienso en Alonso Lazo, un hombre joven y guapo según el dibujo del volante, décadas después de su exterminio, de la putrefacción de su carne, no lo vi entonces, no pude consolarlo, no fui capaz de sujetar su cadáver a la tierra visible. Impidieron que su madre tomara sus manos mientras se enfriaban, no tuvo la merced de velarlo, no le concedieron pasar la última noche de su hijo tendida al lado de su ataúd. Entonces, el cuerpo muerto de la Margarita como un privilegio.

¿Qué hicimos o qué no hicimos todos en este país que no pudimos evitar el desaparecimiento de los restos de Alonso Lazo Rojas?

83

Hoy se cumplen nueve meses desde que la Margarita partió. Nueve meses, simbólico, es lo que tarda una vida en ser de verdad. Nueve meses: una cita fecunda. Sin embargo las penas, ellas no nos sueltan, como si necesitaran estrujar nuestro pesar para seguir su camino golpeando. Y hablo en plural porque es la vida común la verdadera.

En el duelo el que gana es el duelo. No hay reparación.

Y la M. es inocente. Canetti diría que ella solo confiaba en vivir mucho tiempo sin que Dios se diera cuenta.

84

El duelo no se refiere solo a la muerte sino también a lo perdido. No solo he visto partir a la Margarita en mi vida.

El exilio como un duelo.

Doble exilio: primero de Los Remolinos, luego de mi propio país. El exilio es siempre ideológico, es la expulsión de tu tierra por parte de quien se apodera de ella.

El exilio es tentar al desamor.

Llegué a Roma en febrero de 1974, en pleno invierno. Tenía 22 años. Desde París en un tren, sola. Era de noche. Me dirigí a la Pensione Varese, cerca de Stazione Termini. Allí, en un lugar feo e inhóspito, en un barrio de mierda, en una cama que no era mía, desabrigada empezó mi exilio.

85

Y llegamos al once de septiembre de 2018. También este año cae en día martes, como en 1973. Primer once que no compartiremos con la Margarita (primer dieciocho, primer cumpleaños, primer aniversario de…).

Y todos los duelos se condensan, constriñéndose entre ellos, rechazándose, hasta volverse un gran y desconsolado abrazo.

Quiero volver a sentarme en la cama de la Margarita y tomar su mano a ver si me quita la pena. Su mano y los Hawker Hunters bombardeando La Moneda. Todo en simultáneo.

86

Max Valdés, gran amor de juventud de la Margarita, dirigió la *Cuarta sinfonía* de Brahms con la Orquesta Sinfónica de Chile en el Teatro Municipal de Santiago. Estuve a punto de no asistir, me pareció que la suma de Max y de Brahms —la *Cuarta*, máxime— era una prueba demasiado atrevida para mi vulnerabilidad. Mi última visita al Municipal había sido con ella, también para un concierto que dirigía Max, poco más de un año atrás. Habíamos celebrado el cumpleaños de la Paula con las mejores entradas del teatro y una comida posterior en un restaurant elegido por ella, en el último piso de un hotel en Lastarria. Recuerdo que tres de nosotros hicimos el trayecto del teatro hacia el restaurant a pie y que alguna tuvo que tomar un taxi para acompañar a la Margarita que ya no podía darse esos lujos. (Caminar como un lujo, qué sinsentido). Ahora, un año y un mes más tarde, todo me empuja hacia ella, como si algún ángel sádico me custodiara para después cobrarme.

Apareció Max en el escenario, espléndido en su frac impecable de director, y alzó la batuta. Conozco las primeras notas del primer movimiento de esta sinfonía como la palma de mi mano. Las escucho como si me clavaran un cuchillo en medio del corazón, sin embargo, no duele. Como si hubiese sangre y no manchara. Vamos, Margarita, estamos en la casa de los Valdés en Barnechea, tenemos como quince años, delgadísima, preciosa y grácil paseas por el corredor de la casa colonial con Max de la mano, corren un poco, ríen, aspirando a la inmortalidad. Más tarde tenemos alrededor de veinte, estamos en París, Max y tú y yo tomando una copa de vino en un bar cerca de Place D'Italie, han cambiado las aspiraciones, yo los observo, sorprendida ante tanto coqueteo. Luego es Roma, un ristretto en el café de Vía del Pavone, me río mientras atestiguo el trato que aún se dan, como si fueran unos adolescentes. Después, lo mismo, siempre lo mismo en Chile o donde fuese. La última vez que lo viste, Manga, el año pasado, aquí mismo, igual escenario, otra música (no recuerdo cuál) y tú nerviosa como una chiquilla antes de ir a los camarines a saludarlo. Pero sigamos mirando a Max, entran los vientos, empieza el tercer movimiento. Me fascino siguiendo el trayecto de sus manos. Lloro y lloro, pero me las arreglo para hacerlo en total silencio. Mi rostro no le presta ni un solo gesto a las lágrimas. A pesar de ellas, distingo cuándo un dolor es fructífero. Este lo es. Después de un invierno duro, bastante despiadado, se acerca la primavera con un sol hermoso, nada de tímido sino uno de esos soles que entran en escena magníficos, con la certeza de que han sido extrañados. La ciudad hoy tuvo otro color, algo dorado en ella llamaba a quererla. (Mientras menos me lamente, más cerca estamos, dice C. S. Lewis).

Me contó Max que la Margarita lo había visitado tres veces en los sueños. Que le sonreía. Que la última vez había alzado la mano y le había acariciado la cara. Dos días antes del concierto nos juntamos mis hermanas y yo con él, recién aterrizado en el país, en casa de su madre. En el momento en que tocábamos el timbre, desde la terraza llegó Max con lágrimas en los ojos. Recién ese día su hermano J. G. le había entregado unas cartas de la Margarita encontradas en un baúl y él las abría, quizás cuántos años más tarde, en simultáneo con el llamado a la puerta. Sobre la mesa de la terraza vi su caligrafía. Aunque me repita, vuelvo a preguntarme si habrá en el mundo algo más propio que aquello. Ya empecé a sonreír involuntariamente cuando leí un par de encabezados. Encendidos, hiperbólicos, como se dirigía ella a los hombres amados.

Comenzó el cuarto movimiento, el último. Al compás de las cuerdas de los violines recordé que esta obra fue compuesta por Brahms como una pieza fúnebre y odié con vehemencia la cremación de la Margarita. Si hubiese entrado en el mausoleo donde están mis padres con una ceremonia pomposa, si hubiésemos recorrido juntas todo el camino hacia la tumba. Canetti habría imaginado que quiso convertirse en granos de arena después de morir; las estrellas se le habrían antojado demasiado vanidosas, y el mar demasiado húmedo.

Imaginé el ataúd avanzando por el cementerio vestida toda de negro con un sombrero de copa y una chaqueta con faldones largos como la que Max viste hoy para dirigir el concierto. Y escoltarla. Escoltarla muchas veces, no solo ese día. Es tan corto el espacio que se camina. Recorrer las rutas más largas hasta llegar a su sepultura. Seguir para siempre el cortejo, tras ella. Para siempre de negro. Ojalá con Brahms. Mi imaginación errante transita entre una representación y otra. El frac de Max y el manto de Clara Sandoval. No poseo ni uno ni lo otro. ¿Qué tengo en mis manos para cubrirla?

87

Philippe Claudel relata en *Bajo el árbol de los Toraya* el duelo por la muerte de su amigo Eugène. Antes de que ello sucediera hizo un viaje por Indonesia donde conoció esta cultura. Le mostraron un árbol que lo sorprendió por su enorme tamaño y su majestuosidad. Como el peumo de Mallarauco. Le explicaron que era una sepultura. En el tronco del árbol excavan una ancha grieta donde depositan el cadáver envuelto en una sábana, el que luego cubren con ramas y telas. Con el paso del tiempo, poco a poco, la madera del árbol vuelve a cerrarse y guarda el cuerpo en su propio cuerpo. La corteza ya se ha soldado.

Narra su encuentro con el árbol en las primeras páginas y luego aparece Eugène, su cáncer, su muerte y el duelo. Al final, cae en la cuenta de que su escritura se ha convertido en el árbol de los Torayas.

¿Y la mía?

La Rucia
(epílogo)

Era mi anhelo llegar a su aniversario —a un año de su muerte— con el manuscrito de estas notas en la mano. Como un obsequio. Pero el destino me lo impidió.

Culpo al destino porque no tengo otra forma de explicarlo. Todo fue culpa de la Rucia, el caballo inglés que compré tras la muerte de la M. y que nombré en su honor.

Se había organizado un paseo con amigos en el valle. Subiríamos cerros infranqueables, aquellos un poco salvajes al no estar plantados; el agua no llega a esas alturas. En sus cumbres podríamos divisar montañas lejanas. (La Rucia es difícil, en algún momento mermó mi entusiasmo o seguridad y me pregunté, ¿no me irá a hacer un desplante?). Salimos muy preparados, sombreros, bloqueador, agua, sería una jornada larga. Subimos y subimos, remontando pendientes, grietas en la tierra, desfiladeros. La Rucia respondiendo a las mil maravillas. Llegamos a un plano donde la vista era celestial y los árboles —muy generosos— nos ofrecían un fresco refugio. Decidimos descansar, los caballos sudaban luego de tanto esfuerzo.

Solté las riendas. Me descuidé. Fue el instante en que un ruido asustó a la Rucia. Se encabritó. En la caída puse las manos por delante (¿protegiendo la cara, quizás?). Se quebraron, ambas.

La Rucia no quería que terminara este texto. Los caballos, la Margarita y yo, fuimos siempre una unidad. En ocasiones nos caímos, a menudo tambaleamos, a veces —casi nunca— lloramos. Jamás un hueso roto. Y ahora, Rucia de mierda, me rompes lo único que no podías romperme.

Interrumpí toda escritura, por razones materiales —manos que no logran tocar— y por el pensamiento, que se negaba a irrigarme. Una se quiebra las dos manos y se quiebra entera.

Así, pasé interminables horas y días tendida en la cama inmóvil, mirando hacia la nada, evocando el brazo izquierdo de la Margarita, imaginando que era ella, aturdida, rumiando desolación: yo, transformada en su enfermedad, en su dependencia, en su discapacidad, su permanente dolor, su absoluta inhabilidad. De un instante a otro me convertí en su propio mal. De súbito, la mano hinchada y deforme era la mía, también la izquierda se llevó la peor parte, también me la operaron, vendaron, inutilizaron.

«Misericordia quiero, que no sacrificio». (Mateo, 9:13).

El deseo de la Margarita era que no la soltara. Habíamos compartido un año de muerte y de escritura. Necesitaba que yo llegara al extremo de la palabra; mientras yo escribiera, ella continuaba viva. Así la revisitaría, sin interrupción. Solo hilvanando oraciones, una tras otra, desafiaba su muerte. Como el telar de Penélope, ¿otro manto?, extender, persistir y perseverar, ojalá eternizar.

La Margarita ya no tiene cuerpo y no tiene sepultura. Huérfana de la piedra o de la roca, sus huesos crujieron y se convirtió en polvo. No hay sustancia ni espesor ni materia suya en lugar alguno. Solo la ilusión de cubrirla, aun sin tela, aun sin lana. Imaginario es el cortejo, puedo seguirlo y perpetuarlo, igualmente de negro, siempre abrazada a mis hermanas en aquel túnel que formaba el pasillo de la iglesia el día de su funeral, el instante final del cuerpo, cuando aún había cuerpo. Hoy no hay nada. Ni cuerpo ni tumba. Pulverizado el sarcófago, piedra que come carne, según su propia etimología. Carne que se extinguió.

¿La negación de la muerte? El mundo es de los vivos y de cómo solidarizan y se vinculan con los muertos. Lo que importa es ella entre los vivientes. Su memoria.

Muerte, ¿dónde está la muerte?, tu victoria, ¿dónde está?

No le daré la victoria a la muerte.

Sigo escribiendo.

Mallarauco, febrero de 2019.

El manto de Marcela Serrano
se terminó de imprimir en noviembre de 2019
en los talleres de
Litográfica Ingramex, S.A. de C.V.
Centeno 162-1, Col. Granjas Esmeralda, C.P. 09810
Ciudad de México.